AVALIAÇÃO DE DESEMPENHO — NOVA ABORDAGEM

9ª edição

BENEDITO RODRIGUES PONTES

AVALIAÇÃO DE DESEMPENHO — NOVA ABORDAGEM

9ª edição

EDITORA LTr
SÃO PAULO

Dados Internacionais de Catalogação na Publicação (CIP)
(Câmara Brasileira do Livro, SP, Brasil)

Pontes, Benedito Rodrigues

Avaliação de desempenho : nova abordagem / Benedito Rodrigues Pontes. — 9. ed. — São Paulo : LTr, 2005.

Bibliografia

ISBN 85-361-0698-0

1. Pessoal — Avaliação I. Título.

05-5880 CDD-658.3125

Índices para catálogo sistemático:

1. Avaliação de desempenho : Pessoal : Administração de empresas 658.3125
2. Avaliação de pessoal : Administração de empresas 658.3125
3. Desempenho de pessoal : Administração de empresas 658.3125
4. Pessoal : Avaliação de desempenho : Administração de empresas 658.3125

Produção Gráfica, Editoração Eletrônica e Revisão: **LINOTEC**
Capa: **B. R. PONTES**
Ilustrações: **LILITA FIGUEIREDO**
Impressão: **HR GRÁFICA E EDITORA**

(Cód. 3163.7)

LTr

EDITORA LTDA.

Rua Apa, 165 - CEP 01201-904 - Fone (11) 3826-2788 - Fax (11) 3826-9180
São Paulo, SP - Brasil - www.ltr.com.br

Agosto, 2005

Este livro é dedicado
a minha esposa Arlete,
e aos meus filhos Marcos e Nathalia.

SUMÁRIO

Prefácio 11

Capítulo 1

Por que Avaliar o Desempenho das Pessoas nas Empresas? 15

Objetivos do capítulo 17

As mudanças nas organizações 17

Avaliar desempenho passou a ser atividade primordial 19

Capítulo 2

Introdução à Avaliação de Desempenho 23

Objetivos do capítulo 25

O que é esperado das pessoas na organização? 25

O que é avaliação de desempenho? 26

Finalidade de um programa de avaliação de desempenho 29

Conceitos envolvidos 31

Os métodos de avaliação de desempenho 35

Perguntas para revisão e discussão 37

Exercício 37

Capítulo 3

A Evolução dos Programas de Avaliação de Desempenho 39

Objetivos do capítulo 41

Comparação simples ou atribuição de graus 41

Comparação binária 42

Escolha forçada 43

Escala gráfica 48

Descrição do método 48

Escolha dos fatores de avaliação 55

Ponderação da ficha de avaliação ... 55
Avaliação de competências através de escala gráfica ... 59
Propensões do avaliador ... 60
Frases descritivas ... 62
Incidentes críticos ... 63
Pesquisa de campo ou revisão de campo ... 64
Conceituação do método ... 64
Etapas da avaliação ... 65
O início do rompimento com o passado ... 68
Método de avaliação de atividades ... 68
Métodos combinados ... 70
Perguntas para revisão e discussão ... 74
Exercícios ... 74

Capítulo 4

A Avaliação de Desempenho por Objetivos ... 79
Objetivos do capítulo ... 81
O rompimento com a avaliação tradicional ... 81
Objetivos ... 81
Administração Por Objetivos — APO ... 84
O conceito da avaliação por objetivos ... 86
O estilo de liderança adequado ... 87
Acompanhamento do processo ... 89
A avaliação por objetivos passo a passo ... 91
A motivação ... 94
Os instrumentos da avaliação por objetivos ... 97
Cultura organizacional e a avaliação por objetivos ... 104
Análise comparativa entre os métodos tradicionais e o método de avaliação por objetivos ... 107
As limitações do método por objetivos ... 110
As vantagens do método por objetivos ... 112
Roteiro para implantação do método por objetivos ... 113
Análise do clima interno ... 113
Análise do planejamento organizacional ... 114
Definição dos objetivos do programa ... 114

População-alvo do programa ... 114
Vender a idéia ... 115
Treinar os líderes ... 115
Perguntas para revisão e discussão ... 115
Exercícios ... 116

Capítulo 5

Sistema Integrado — Avaliação por Objetivos, Treinamento e Desenvolvimento, e Planejamento de Pessoal ... 119
Objetivos do capítulo ... 121
Planejamento de recursos humanos ... 121
Avaliação de potencial ... 123
O resultado da avaliação de desempenho e de potencial ... 124
Plano de sucessão ... 127
Integração dos programas ... 131
Perguntas para revisão e discussão ... 135

Capítulo 6

Avaliação 360 Graus ... 137
Objetivos do capítulo ... 139
A origem da avaliação 360 graus ... 139
Os pressupostos da avaliação 360 graus ... 140
Estrutura metodológica ... 143
Limitações do método ... 145
Perguntas para revisão e discussão ... 146
Exercício ... 147

Capítulo 7

Acompanhamento e Avaliação de Resultados ... 149
Objetivos do capítulo ... 151
Os pressupostos do programa ... 151
Uma equipe de trabalho ... 152
O formato do programa ... 154
Princípios fundamentais ... 159

Instrumentos de acompanhamento e avaliação de resultados 163
Avaliação de equipes por meio de fatores comportamentais ... 163
Perguntas para revisão e discussão 164
Exercícios 164

Capítulo 8

A Retroinformação 169
Objetivos do capítulo 171
A importância da retroinformação do desempenho no trabalho 171
O processo de comunicação 172
A retroinformação individual 175
A entrevista de avaliação de desempenho 176
Preparação do entrevistador 176
Preparação do entrevistado 177
A discussão do desempenho 177
A retroinformação e os níveis finais de desempenho 179
Perguntas para revisão e discussão 181
Exercício 181

Capítulo 9

A Avaliação e as Recompensas Salariais 185
Objetivos do capítulo 187
A utilização na promoção 187
A utilização na distribuição de resultados 188
Lei n. 10.101, de 19.12.2000 189
Perguntas para revisão e discussão 193

Capítulo 10

A Avaliação de Desempenho no Cenário Brasileiro 195
Objetivos do capítulo 197
A realidade competitiva 197
Novas idéias sobre avaliação 198
Algo além do acompanhamento e avaliação de resultados 198

Referências Bibliográficas 199

PREFÁCIO

Como temos feito a cada nova edição deste livro, mudanças significativas são incorporadas. Na 7ª edição, tínhamos revisto integralmente o texto referente ao Capítulo "Acompanhamento e Avaliação de Resultados", com a incorporação de explicações mais detalhadas sobre o assunto, além de incorporações de novas questões. Nesta edição incluímos um capítulo sobre a avaliação 360 graus, adicionamos outras questões em vários capítulos.

Desde a 2ª edição vínhamos fazendo modificações no texto de forma a acrescentar novas tecnologias sobre o assunto. Mas, nos últimos anos, o ambiente empresarial mudou de forma tão radical que não era mais o caso de simples modificação de texto, mas de inovações profundas, que foram incorporadas a partir da 6ª edição.

A avaliação de desempenho andava um pouco em desuso pelas empresas, principalmente porque os métodos tradicionais de avaliação de desempenho não são mais adequados à realidade na qual se inserem as organizações. Por isso, deixaram de ser utilizados, quando não caíram em descrédito.

No entanto, dois eventos tornaram a avaliação indispensável nas empresas. Primeiro, a necessidade de obtenção e manutenção da competitividade da empresa, que para tanto requer alguma metodologia que avalie a contribuição das pessoas para esse resultado. Segundo, porque a medida provisória sobre participação nos lucros praticamente obriga a adoção de algum método de avaliação que sirva de embasamento para a distribuição dessa participação.

Neste novo texto, conservei a descrição dos métodos tradicionais por dois motivos, uma vez que não acredito muito na eficácia de nenhum deles. Primeiro, para servir de história da evolução da disciplina. Segundo, como alerta para que, se adotados, cuidados adicionais devem tomados. Com necessidades diferentes das empresas as metodologias de avaliações devem ser substituídas, a não ser em casos pontuais, como a avaliação de períodos de experiência ou com fins exclusivos de retroinformação *(feedback)*. Por isso, da necessidade de verificar essas metodologias de uma forma mais crítica. Com o passar dos anos, acredito mais na metodologia: *Acom-*

panhamento e Avaliação de Resultados. No entanto, outros métodos que serão verificados ao longo do texto, desde que muito bem aplicados podem ser eficazes, apesar da subjetividade implícita no processo de avaliação. É o caso do método *Escolha Forçada*, como, também do método *360 Graus*. A *Avaliação por Objetivos*, dentro do contexto que apresento, pode ser um excelente instrumento para empresas que desejam unicamente a avaliação individual, mas com aplicação bastante trabalhosa. O credo pelo método de Acompanhamento e Avaliação de Resultados, não se traduz somente pelo fato de o mesmo ter sido totalmente concebido por mim. Creio que seja mais ou menos normal o criador gostar da criatura! Mas, o fato é que posso comprovar a sua eficácia em várias empresas em que tive a oportunidade de implantá-lo. Dois grandes vetores fazem do *Acompanhamento e Avaliação de Resultados* uma metodologia atraente, a sua interligação direta com os resultados que a empresa almeja alcançar e a mentalidade voltada à constituição de equipe.

Nos esportes coletivos, como o vôlei, o basquete, o futebol, o trabalho em equipe é fundamental para o sucesso. A mesma premissa é essencial para construir empresas bem-sucedidas. O objetivo de uma equipe nos esportes é sair vencedora de uma competição. As equipes concentram-se em um mesmo objetivo, que é conseguir as cestas no basquete, os gols no futebol, os pontos no vôlei, mas cuidar de todos os detalhes é importante, desde o ataque à defesa, às cobranças de laterais. Qualquer desleixo de um membro da equipe, mesmo em um pequeno detalhe, pode comprometer toda a estratégia para cumprimento do objetivo. Também nada adianta o comportamento de um profissional talentoso se ele não estiver envolvido com os demais membros da equipe. Uma empresa não consegue sobreviver sem a obtenção do lucro. No entanto, o lucro somente é conseguido e mantido se houver superação da satisfação dos clientes com o produto ou serviço oferecido. Na empresa, é necessário que os funcionários entendam os objetivos maiores, preocupem-se com os pequenos detalhes e trabalhem de forma harmoniosa para a construção do sucesso. Para isso, é essencial o trabalho em equipe nos mesmos moldes que nos esportes coletivos.

Até alguns anos as metodologias de avaliação de desempenho tinham premissas que contrariavam a construção de um trabalho em equipe. A avaliação era centrada no indivíduo, fomentando um clima competitivo entre as pessoas. A nova metodologia de avaliação de desempenho, que proponho, é integrativa. Fomenta o trabalho em equipe, faz com que essas equipes tenham preocupação com os objetivos macroorganizacionais, mas ao mesmo tempo se preocupem com os detalhes valiosos.

Do projeto original foi aproveitada, unicamente, a linha mestra, uma vez que o texto foi totalmente reescrito na sua 6ª edição, e, com esta 9ª, foram incorporadas novas tecnologias sobre o assunto.

O texto "Avaliação de Desempenho — Nova Abordagem" é destinado ao leitor comum, cujo interesse seja despertado pelo assunto. Espero, também, que ele possa destinar-se a estudantes da disciplina, técnicos da área de Recursos Humanos e aos líderes em geral. Todos os termos técnicos utilizados foram definidos, e empreguei inúmeros quadros para ilustrar e tornar mais fácil o entendimento do assunto.

Acredito que com este novo texto poderei fornecer maior contribuição sobre tão importante disciplina, que considero primordial para a melhoria das empresas e do desenvolvimento das pessoas.

CAPÍTULO 1

POR QUE AVALIAR O DESEMPENHO DAS PESSOAS NAS EMPRESAS?

"Algumas características de nossa sociedade,
e a vida organizacional como parte dela,
encontram-se de tal modo estabelecidas,
são tão penetrantes, que não conseguimos
imaginar que possam ser diferentes."

Douglas McGregor

Objetivos do capítulo

- **Apresentar um resumo das mudanças ocorridas no mundo empresarial.**
- **Mostrar a necessidade da adoção da avaliação de desempenho nas empresas.**

As mudanças nas organizações

Um artigo publicado pela Revista Exame sobre a Hering discorre sobre a mudança acontecida nessa empresa. O artigo inicia-se com uma carta que foi endereçada pela Hering aos seus clientes. "Redefinimos nossos processos, terceirizamos tarefas e funções. É nossa resposta aos efeitos da crise".[(1)] Ainda, segundo o mesmo artigo, "a Hering apresentada em sua carta não é mais a mesma... o que ela apresenta como alternativa é uma empresa que deixou para trás sua tradicional estrutura verticalizada e se volta para o mercado".[(2)] Um outro exemplo: "nos últimos anos, o Pão de Açúcar passou por um profundo processo de reestruturação. Entre 1989 e 1994, o número de lojas caiu de 568 para 215. No mesmo período, o quadro de funcionários foi reduzido de quase 46.000 para 18.500".[(3)] O que ocorreu com a Hering e o Pão de Açúcar, para ficarmos somente nesses dois exemplos, foi o sinal dos novos tempos a partir da última década, e as reestruturações continuaram e continuam a ocorrer em praticamente todas as organizações. Algumas organizações, após se reestruturarem, voltaram a crescer, como é o caso do Pão de Açúcar, outras fecharam suas portas, houve fusões e outras mudaram de mãos.

A globalização da economia impôs a busca da competitividade nas empresas, sob pena de não sobreviverem. Essa busca incessante por competitividade impõe, além de reestruturação profunda,

---

(1) COSTA, Flávio. "O Arenque Encolhe para Tomar Fôlego", *in Revista Exame*. São Paulo: Abril, edição 569, 26/outubro/1994.

(2) *Idem, ibidem.*

(3) CASTANHEIRA, Joaquim. "Procuram-se Executivos Loucamente", *in Revista Exame*. São Paulo: Abril, edição 571, 23/novembro/1994.

novos conceitos voltados à flexibilidade, qualidade, produtividade e superação da satisfação dos clientes. Muitas organizações tiveram de passar por reestruturações mais profundas, incluindo aí cortes radicais de pessoal, simplesmente porque já estavam operando no vermelho. Muitas outras tiveram de acertar os ponteiros com a qualidade e com os custos de seus produtos e serviços, para não verem seus clientes desaparecerem.

Essa necessidade de competitividade, por parte das organizações, explica o enorme sucesso da reengenharia. Nunca uma palavra, até de certa forma incompreensível, do mundo dos negócios tornou-se tão popular. Falou-se de reengenharia na empresa, reengenharia nos noticiários, reengenharia nos esportes, reengenharia pessoal. De repente, todos os locais necessitavam de reengenharia. Na realidade, tudo necessitava de uma nova ordem, de um novo lema: fazer melhor. E esse fazer melhor, quão boa estivesse ou não a situação, foi chamado, na sua forma popular ou errônea, de reengenharia. Foi feita muita reengenharia de verdade, mas foi também feita muita demissão com nome de reengenharia, ou outros tipos de mudanças com o emprego desse nome. Sem dúvida, as mudanças, com qual nome fosse dado, eram necessárias, e quem não incorporou os sinais dos novos tempos sucumbiu. Na realidade, os dinossauros empresariais rígidos e burocráticos estão extintos.

Antes das mudanças, de forma geral, as organizações eram estruturadas verticalmente, orientadas para o poder; incorporavam conceitos rígidos, desde o planejamento, controle e processo de trabalho; usavam sistema de informações para melhorar a eficiência e propunham economia de escala. Focalizavam o indivíduo, e ele era visto como custo de produção. Após o vendaval, as organizações ficaram horizontais; cada unidade, funcionando como centro de negócios, é orientada para a realização; respiram flexibilidade incorporada em todos os processos; usam a tecnologia de informações como força de transformações e adotam o senso de oportunidade. As pessoas passaram a ser focalizadas no trabalho que produzem em equipe e são consideradas como os mais valiosos recursos.

E o que o assunto avaliação de desempenho tem que ver com o tema mudanças organizacionais? Nada, poderão responder alguns, e tudo, responderão outros! Os que disserem "nada" ainda acreditam que somente a incorporação de novas tecnologias responderá às necessidades das empresas. Os que responderem "tudo" acreditam, e de forma correta, que não é suficiente apenas a incorporação de novas tecnologias no trabalho, mas também a forma como as pessoas desempenham suas atividades. Então, vejamos, o que adiantam máquinas de alguns milhões de reais nas mãos de pessoas incompetentes, sem capacidade de tirar o maior proveito delas? O que adianta um serviço de atendimento ao consumidor nas mãos de pessoas que não podem resolver os problemas ocorridos com os clientes? De que adianta um programa audacioso de qualidade nas mãos de pessoas incapazes de inovar processos produtivos e de diminuir os desperdícios? Em tudo o que pensarmos o ser humano é necessário, e a forma como desempenha suas funções pode, em muito, alterar a história de uma organização.

Avaliar desempenho passou a ser atividade primordial

O tema avaliação de desempenho andava um pouco esquecido pelo meio organizacional. Acreditamos que esse esquecimento em relação à avaliação de desempenho deveu-se, principalmente, às inúmeras controvérsias ocorridas com a implantação de metodologias inadequadas às reais necessidades organizacionais, o que levou muitas organizações a riscarem o tema de suas prioridades. Sem dúvida, foram inúmeras as aplicações fracassadas ou sem os resultados desejados.

Mas por que toda essa euforia em relação ao tema novamente? Porque as empresas inovaram seus processos de trabalho, diminuíram seus efetivos e dos poucos que sobraram querem desempenho acima do normal. Querem resultados, e resultados significativos do trabalho das pessoas! É justamente aí que entra a questão da necessidade de se ter uma metodologia para avaliar o desempenho das pessoas, para saber se de fato elas estão ajudando a conseguir os resultados necessários. Se as pessoas estão adicionando valor ao produto final. Se essas mesmas pessoas estão trabalhando para a obtenção e manutenção da competitividade organizacional.

Nessa nova ordem empresarial, uma metodologia qualquer não serve mais. As empresas necessitam de uma metodologia que não só eleve o nível de produtividade, qualidade e satisfação dos clientes, mas também o nível de motivação das pessoas, e que tudo culmine com o sucesso cada vez maior da empresa.

A área de Recursos Humanos tem passado por várias mudanças ao longo das últimas décadas. No Brasil, de uma fase de Controladora de Pessoal, com papel secundário nas organizações, que se estendeu até a década de 30, a uma fase estratégica dos dias de hoje. Durante esse percurso, entre os anos 30 e 50 do século passado a área teve a preocupação principal com os aspectos jurídico-trabalhistas, diante da criação de nova estrutura jurídica nas relações de trabalho. Nessa época houve a criação e regulamentação de vários direitos do trabalhador que culminou com a elaboração da CLT — Consolidação das Leis do Trabalho. A área de Recursos

Humanos, denominada de Administração de Pessoal, tinha como principal atribuição a de administrar papéis. O perfil da área era o de fazer cumprir a disciplina e a legislação. Os embriões de modelos de avaliação de desempenho tinham, também, o caráter de controle sobre a disciplina e eficiência do trabalhador. Entre a década de 50 e 70, com o avanço das ciências humanas e incorporação de modelos Norte-Americanos, trazidos pelas empresas multinacionais que se instalavam no país, a área de Recursos Humanos passou a exercer um papel mais representativo nas organizações. A exigência sobre as pessoas passou a ser maior, uma mão-de-obra pouca qualificada da fase anterior para uma necessidade de profissionais mais qualificados. Com o emprego de técnicas, propiciada pelo avanço das ciências humanas e, a área de Recursos Humanos, passou a ter uma ampliação de suas atividades exercendo influência no recrutamento e seleção de pessoal, capacitação, salários e benefícios. Nessa época foram desenvolvidos e empregados muitos sistemas de avaliação de desempenho, que já possuíam premissas mais humanísticas. A avaliação por Objetivos, que possui como premissa básica um processo participativo de definição de objetivos foi desenvolvido nessa época. Nas duas décadas seguintes, as empresas passaram por reestruturações administrativas com objetivos claros de redução de custos, aumentos de produtividade e qualidade, principalmente ao final dos anos 70 e início dos anos 80. Vários métodos administrativos foram incorporados como, *downsing, empwerment, team-woks, 5S, just-in-time*, visando reestruturações organizacionais. A área de recursos Humanos passou a integrar em suas ações uma abordagem mais participativa, consolidando um perfil mais educacional na gestão de pessoal, sem abandonar as premissas tecnicistas.

Com a globalização da economia, o movimento de reestruturação tornou-se mais impactante e necessário. A abordagem voltada à qualidade e incremento da produtividade que teve seu início na década anterior passou, a partir dos anos 90 a ter maior ênfase. As organizações foram obrigadas a passar por novos desenhos, rapidamente se quisessem sobreviver em um mercado aberto e fortemente competitivo. Estratégias tiveram que ser reinventadas. A informação passou a ser preponderante. Novas tecnologias foram incorporadas. O conhecimento passou a ser uma variável importante nas organizações. As necessidades organizacionais sobre as pessoas se modificaram e dessa forma, o talento passou a ser um diferencial competitivo. A área de Recursos Humanos passou a fazer parte desse processo, assumindo papel de maior amplitude, tornando-se uma área estratégica nas organizações, porque sem as pessoas com talento, a tecnologia por mais inovadora, não funciona. O diferencial competitivo nestes dias ásperos da economia é o capital intelectual, advindo das pessoas. As empresas bem-sucedidas são aquelas que conseguem atrair, desenvolver e reter talentos, pessoas estas com capacidade de fazer a diferença. "O talento não pode mais ser confundido com genialidade ou com aptidões e dons inatos. Hoje os especialistas admitem que talentos são de vários tipos e, melhor, os mais valorizados deles podem ser identificados e desenvolvidos pelas pessoas. Talento é quase um mantra no mundo das empresas ... As companhias se preocupam em reter seus talentos, pois eles são considerados o principal capital na era do conhecimento".(4) Segundo *Chowdhury*, "um talento é um criador, alguém que quebra regras, inicia mudanças e gera conhecimento. Os talentos são os espíritos de uma empresa. Eles abrem a porta do conhecimento a todos. Em uma era competitiva, o crescimento de qualquer empresa é proporcional ao crescimento do talento".(5) A área de Recursos Humanos vista como estratégica passa a ter necessidade de incorporar novas práticas transformacionais, trabalhando aliada às estratégias organizacionais, para poder atrair, manter e desenvolver talentos. "Investimentos nas diversas práticas de Recursos Humanos, tais como treinamento, seleção e contratação, avaliações e remuneração têm sido ligados ao desempenho financeiro da empresa".(6) Visto dessa maneira, novos instrumentos foram desenvolvidos, incluindo experimentos na disciplina de avaliação de desempenho, não só pelo fato de agregar valor financeiro à organização, mas pela necessidade de identificar talentos.

Para chegar-se a uma nova metodologia, o caminho foi longo, e alguns erros aconteceram, fato normal em todas as disciplinas que evoluem. Mas, para entender essa nova tecnologia de avaliação de desempenho proposta, é interessante repassar os métodos que foram sendo utilizados no longo caminho percorrido por essa disciplina; como foram sendo incorporadas inovações, até chegarmos ao método que propomos, como o mais adequado para essa nova ordem empresarial. São muitos os métodos de avaliação nesse caminho percorrido, alguns simples e ineficazes, outros mais sofisticados e eficazes, porém com aplicações restritas a determinadas funções empresariais. Dessa forma, sem desmerecer muitos métodos interessantes, o método que propomos, o de avaliar resultados de equipes, parece ser o que melhor atende as necessidades atuais de melhoria de resultados organizacionais constantes. Alguns métodos que discorremos são úteis para fins de estudo da disciplina, mas não mais têm utilidade prática. Outros, no entanto são eficazes e podem ser aplicados como métodos de acompanhamento de pessoal.

---

(4) LIMA, João Gabriel. "A Descoberta do Talento", *in Revista Veja*. São Paulo: Abril, edição 1860, 30/abril/2004.

(5) CHOWDHURY, Subir. *A Era do Talento*. São Paulo: Editora Pearson Education, 2003.

(6) ULRICH, Dave. *Os Campeões de Recursos Humanos*. São Paulo: Ed. Futura, 2002.

CAPÍTULO 2

INTRODUÇÃO À AVALIAÇÃO DE DESEMPENHO

"O processo de mudar para um novo sistema administrativo é mais do que um exercício intelectual. Exigem-se tanto o ajustamento de estrutura social como a modificação dos valores pessoais."

William H. Newman e
E. Kirby Warren

Objetivos do capítulo

- **Mostrar a importância da obtenção de resultados das pessoas nas organizações.**
- **Apresentar o conceito da avaliação de desempenho e termos relacionados.**
- **Verificar a finalidade de um programa de avaliação de desempenho nas empresas.**

O que é esperado das pessoas na organização?

Numa carta escrita por um dos maiores empreendedores que o nosso país conheceu, naquela época Presidente da TAM, encontramos uma definição clara do que é esperado das pessoas nas organizações. "Se a empresa for bem, é evidente que a responsabilidade é de todos que puderam fazer com esforço e dedicação, um sucesso do seu trabalho. Se for mal, claramente serei responsável, pois terei falhado no ato de fazer as equipes entenderem claramente a definição de meu propósito".[7] Seria uma raridade um dirigente empresarial escrever tal texto há alguns anos. Ele resume o que é esperado das pessoas por uma organização. Uma empresa vai bem se todas as pessoas, dos dirigentes ao funcionário com função mais simples, trabalham para esse sucesso; se vai mal, sem nenhuma dúvida, a culpa também é das pessoas, incluindo seus dirigentes. Ainda aos dirigentes, cabe a culpa da escolha inadequada das pessoas e da avaliação dessas pessoas no trabalho desempenhado.

Na realidade, as empresas querem resultados e, atualmente, muitos resultados das pessoas que nelas trabalham. Querem que elas façam o trabalho com qualidade, que não desperdicem nada do material, que sejam produtivas, que os clientes fiquem satisfeitos com o trabalho que elas produzirem. As empresas ainda querem que elas pensem, constantemente, nas inovações dos processos e dos produtos e que usem de todo seu potencial para que a empresa seja cada vez melhor. A questão é: como saber se as pessoas estão de fato dando o melhor de si e apresentando os resultados desejados pela organização sem um processo de avaliação?

---

(7) AMARO, Rolim A. *Carta do Presidente*, outubro/1995, São Paulo.

Acertada na escolha da metodologia e assegurando a eficácia do processo, a avaliação de desempenho é uma das ferramentas mais poderosas que a organização possa ter para assegurar o cumprimento de suas metas estratégicas e garantir que as mesmas sejam concretizadas, conforme os valores institucionais. Bem implementada o instrumento de avaliação irá garantir que as pessoas foquem suas energias nas questões essenciais da organização e, ainda permitirá, orientações, caso existam desvios de rotas.

O que é avaliação de desempenho?

Avaliação ou administração de desempenho é um método que visa, continuamente, a estabelecer um contrato com os funcionários referente aos resultados desejados pela organização, acompanhar os desafios propostos, corrigindo os rumos, quando necessário, e avaliar os resultados conseguidos. É o sopro de vida da organização, e sem a sua existência o planejamento ou as estratégias organizacionais não farão o menor sentido. O processo de avaliação consiste na definição dos resultados esperados, tendo como palco o planejamento estratégico ou as estratégias da organização, o acompanhamento diário do progresso, a solução contínua dos problemas que ocorrem e a revisão final dos resultados conquistados, para elaboração das propostas futuras. Os valores organizacionais permeiam o processo. Tanto, na negociação do contrato do desempenho, quanto na condução das ações por parte dos funcionários. Ao acompanhar os resultados, os gerentes devem observar atentamente se os mesmos estão condizentes com os valores apregoados pela empresa. A avaliação de desempenho é, sem nenhuma dúvida, a função primordial dos líderes das organizações. O papel dos gerentes não é, justamente, o de planejar, liderar, facilitar, educar e acompanhar os resultados de sua equipe de trabalho? Pois, então, a metodologia de avaliação de desempenho visa justamente a facilitar esse trabalho. O quadro 1 apresenta o ciclo da avaliação de desempenho, que se inicia com o planejamento estratégico, definição dos objetivos das unidades, combinação dos resultados esperados da equipe de trabalho e acompanhamento do desempenho, culminando com a avaliação dos resultados conquistados.

Quadro 1

Ciclo Avaliação de Desempenho

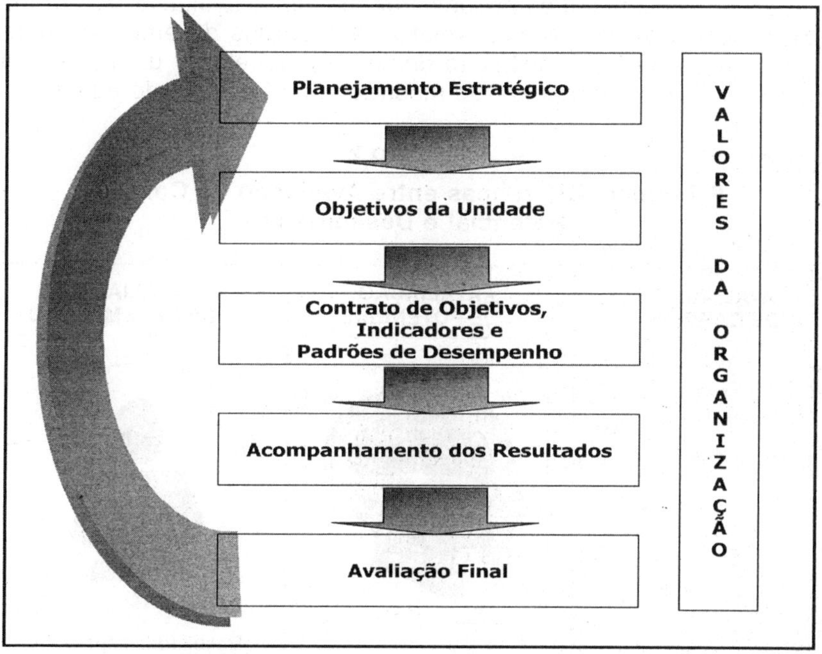

A avaliação de desempenho, portanto, visa, além de estabelecer os resultados a serem perseguidos pelos indivíduos, a acompanhar o processo de trabalho e fornecer *feedback* constante.

A metodologia de avaliação de desempenho se preocupa com o comportamento das pessoas no trabalho e não com a pessoa em si. A preocupação é sempre em relação ao seu desempenho. A avaliação de desempenho é diferente da avaliação de potencial e da avaliação de cargos. A avaliação de potencial tem a preocupação de averiguar as possibilidades futuras do indivíduo em termos de seu crescimento no trabalho. Esta ferramenta avalia a capacidade do indivíduo, em termos de seus conhecimentos, vivência, habilidades e aptidões. O instrumento faz um mapeamento do potencial humano, para futuras decisões, como escolha de profissionais em processos de sucessão, recolocação de pessoal, desenvolvimento de pessoal, entre outras. A avaliação de potencial associada à avaliação de desempenho permitirá a identificação de talentos. Permitirá, inclusive, que a organização explore e verifique as competências e habilidades dos potenciais identificados, através de negociações de novas atividades em contratos de desempenho. Por sua vez, avalia a capacidade do indivíduo, em termos de seus conhecimentos, vivência, habilidades e aptidões. Por sua vez, a avaliação de cargos procura estabelecer o valor relativo dos cargos da empresa, para encontrar uma hierarquização destes e estabelecer uma possível carreira. Estas diferenças são mostradas no desenho do quadro 2.

Quadro 2

Principais Diferenças entre Avaliação de Cargos, Potencial e Desempenho

AVALIAÇÃO DE CARGOS	AVALIAÇÃO DE POTENCIAL	AVALIAÇÃO DE DESEMPENHO
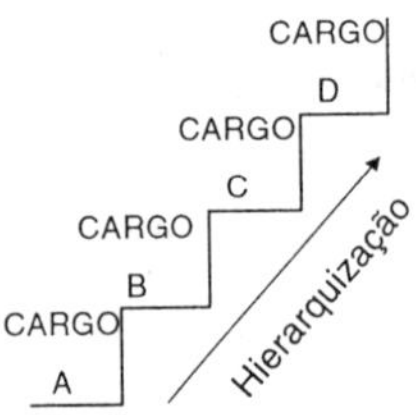		 Resultados esperados
Procura estabelecer uma hierarquia dos cargos na empresa	Procura avaliar a capacidade (competências e habilidades) do indivíduo em termos do seu futuro Profissional na empresa	Procura verificar o comportamento dos indivíduos em face dos resultados desejados pela empresa

Em todas as empresas existem avaliações do desempenho das pessoas. O que ocorre quando da não-existência de um programa formal é que nem sempre são claros os resultados a serem alcançados, e, quando os fracassos ou sucessos acontecem, não se sabe ao certo o porquê e os responsáveis pelo fato. Por outro lado, geralmente são comentados com as pessoas os desagrados em relação aos problemas ou fracassos, sem um sentido de orientação para que não mais ocorram, e os fatos positivos, que reforçam os comportamentos nessa direção, são esquecidos, situação que leva à criação de um ambiente nada motivador no trabalho. Um programa de avaliação de desempenho bem pensado e bem administrado visa, justamente, a criar um clima de "pique no trabalho", que incorra em benefícios para a empresa e para as pessoas que lá trabalham.

Os programas de avaliação de desempenho formais não são novos. Segundo *Chiavenato*, "antes da Fundação da Companhia de Jesus, Santo Inácio de Loyola utilizava um sistema combinado de relatórios e notas de atividades e, principalmente, do potencial de cada um de seus jesuítas".(8) Os sistemas tradicionais de avaliação de desempenho começaram a ser mais difundidos e aplicados pelas organizações a partir da 2ª Grande Guerra Mundial. A partir de 1954, com a obra de *Peter Drucker*, "The Practice of Management",(9) tornou-se popular uma nova linha de administração intitulada "Administração por Objetivos — APO", que trazia em seu bojo processos que levavam a um novo conceito de avaliação — a avaliação por objetivos. No Brasil, esse conceito de avaliação teve várias derivações. Em 1986, foi lançada a 1ª edição deste livro, apresentando alternativas para a implantação da avaliação de desempenho por objetivos. Inovações foram incorporadas. Além da descoberta de novos métodos, a principal foi, sem dúvida, *a mudança significativa da focalização da avaliação, que antes era centrada no comportamento do indivíduo, para a avaliação centrada no comportamento da equipe de trabalho.*

Finalidade de um programa de avaliação de desempenho

Um programa formal de avaliação de desempenho tem como principais objetivos:

- Tornar dinâmico o planejamento da empresa;
- Conseguir melhorias na empresa voltadas à produtividade, qualidade e satisfação dos clientes, bem como em relação aos aspectos econômicos e financeiros;
- Estabelecer os resultados esperados das pessoas na organização;
- Obter o comprometimento das pessoas em relação aos resultados desejados pela empresa;
- Melhorar a comunicação entre os níveis hierárquicos na organização, criando clima de diálogo construtivo e eliminando dissonâncias, ansiedades e incertezas;
- Dar orientação constante sobre o desempenho das pessoas, buscando melhorias;

---

(8) CHIAVENATO, Idalberto. *Recursos Humanos — Edição Compacta.* São Paulo: Atlas, 1983.

(9) DRUCKER, Peter F. *The Practice of Management.* New York: Harper & Brothers, 1954.

- Gerar informações;
- Tornar claro que resultados são conseguidos através da atuação de todo o corpo empresarial;
- Estabelecer um clima de confiança, motivação e cooperação entre os membros das equipes de trabalho;
- Servir como instrumento propagador de programas de qualidade e, conforme o método adotado, do próprio instrumento de gestão de qualidade;
- Servir como importante instrumento coadjuvante em decisões de carreira, salários e participação nos resultados da empresa;
- Servir como instrumento para levantamento de necessidades de treinamento e desenvolvimento; e
- Identificar talentos, como processo conjunto com o instrumento Avaliação de Potencial.

O programa de avaliação de desempenho é dependente do planejamento estratégico e está intimamente relacionado a outros importantes programas de gestão de pessoal, qualidade e gestão econômico-financeira, e ainda sustenta o programa de participação nos lucros ou de resultados, conforme seus propósitos. A síntese do relacionamento da avaliação de desempenho com esses programas é apresentado no quadro 3.

Quadro 3

Sistema Integrado da Avaliação de Desempenho

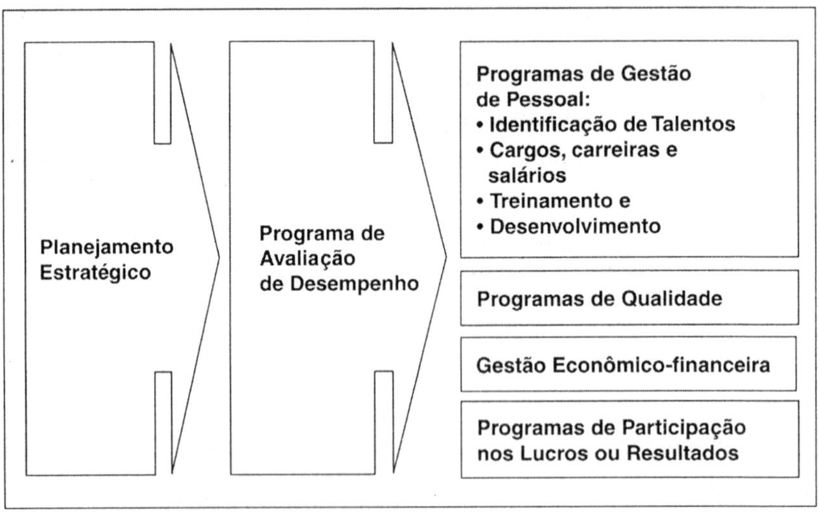

Conceitos envolvidos

• Estratégia

É um conjunto de objetivos e de políticas principais capazes de guiar e orientar o comportamento da empresa a longo prazo.

• Tática

É um esquema específico de emprego de alguns recursos dentro de uma estratégia geral.

• Objetivos

São os alvos desejados e devem estar claramente definidos para que propiciem escolha de indicadores e padrões de desempenho adequados e úteis.

• Planejamento estratégico

"É o processo de decisão dos objetivos da empresa, das mudanças nesses objetivos, dos recursos utilizados para atingi-los e das políticas que deverão governar a aquisição, utilização e disposição desses recursos."[10]

• Indicadores

São as medidas que permitem detectar se o objetivo está sendo alcançado. Os indicadores são expressos em forma de dados numéricos, descrições, percentuais, entre outros.

• Padrões de desempenho

São as metas em termos de qualidade e quantidade a serem atingidas em cada um dos indicadores definidos e fornecem a base para a avaliação dos resultados.

• Trabalho em equipe

Forma de organização de trabalho que exige e estabelece a colaboração entre pessoas visando a atingir os objetivos comuns da

---

(10) ANTHONY, R. N. "Planning and Control Systems: a Framework for analysis", *Graduate School of Business Administration*. Boston: Harvard University, 1965, p. 24.

unidade à qual pertençam ou de objetivos multifuncionais. Pressupõe que pessoas, mesmo com habilidades e conhecimentos diferentes, complementem-se para o desenvolvimento das atividades rumo aos objetivos propostos.

- ***Feedback* ou retroinformação**

É a comunicação do processo de acompanhamento ou avaliação de desempenho. É importante para a determinação de mudanças no trabalho. O *feedback* também é importante no atendimento de necessidades de reconhecimento do trabalho efetuado ou como auxílio para vencer os obstáculos na caminhada do progresso.

- **Análise de cargos**

É o estudo dos cargos necessários para o funcionamento da empresa. O produto final desse estudo é a descrição das atividades componentes e os requisitos necessários dos ocupantes de cada cargo definido. É um instrumento importante de gestão de pessoal e tem utilização ampla, como na administração de cargos e salários, treinamento, carreiras, planejamento, recrutamento e seleção de pessoal. Em programas de desempenho é utilizado quando da adoção de metodologias de avaliação individual, uma vez que os resultados desejados devem estar relacionados às atividades previstas do cargo ocupado pela pessoa. Mesmo na adoção de métodos coletivos de avaliação, as pessoas devem ter entendimento claro das atividades primordiais dos seus cargos, uma vez que os esforços poderão tornar-se mal direcionados. Por exemplo, um atendente de serviços ao consumidor deve ter como atividade prevista para seu cargo, além do atendimento ao cliente, a elaboração de estatísticas de reclamações. Mas, se cada vez que toca o telefone o atendente acreditar que as ligações o impedem de elaborar as estatísticas, está havendo mal-entendimento das suas atribuições. A descrição é útil nesse caso, uma vez que irá facilitar a retroinformação do líder para o atendente, na elucidação do conceito primordial da função do atendente.

No quadro 4, mostramos um extrato de descrição e requisitos de um cargo de secretária.[11]

---

(11) N. A. Para maiores informações sobre análise de cargos, consulte: PONTES, B. R. *Administração de Cargos e Salários*, 9ª ed. São Paulo: LTr, 2002.

Quadro 4

Extrato de Descrição e Requisitos de Cargo

Descrição do Cargo: Secretária
• Executar as atividades de anotações, redação e digitação de cartas e relatórios, em português e inglês, observando normas de estilo • Secretariar reuniões da diretoria, elaborando, posteriormente, a ata da reunião • Controlar a agenda de compromissos da diretoria, marcando entrevistas, reuniões e viagens • Organizar e manter arquivo de documentos do setor • Providenciar reservas de vôos e hotéis para viagens dos diretores
Requisitos
• Instrução: curso superior • Conhecimentos específicos: idioma português e inglês, microinformática (editor de texto, planilha eletrônica e banco de dados) • Experiência: mínima de três anos em cargos similares

• Ficha de acompanhamento de desempenho

É um instrumento de uso gerencial cuja utilidade é anotar as ocorrências, tanto positivas quanto negativas, durante o período da avaliação. Se adotada metodologia de avaliação individual, a ficha de acompanhamento deve ser também individual, e se adotada metodologia de avaliação de grupo a ficha deve ser do grupo. A ficha de acompanhamento facilita o processo de avaliação dos resultados finais.

• Plano de carreiras ou de cargos

É um instrumento importante de gestão de pessoal na empresa e tem interligações com a avaliação de desempenho. Um plano de carreiras ou de cargos permite o estabelecimento das trajetórias das pessoas na empresa. Um dos objetivos da avaliação de desempenho é propiciar o desenvolvimento das pessoas, sendo então importante que a empresa possua um programa formal de carreiras ou de cargos. A título de exemplo o quadro 5 traz um extrato de carreira para a área de informática. O exemplo apresentado prevê inúmeros cargos. Há tendência de estabelecimento de carreiras contemplando cargos mais amplos.(12)

(12) N. A. Para maiores informações sobre planos de cargos ou carreiras, consulte: PONTES, B. R., *ibidem*.

- **Promoção vertical**

É o crescimento do funcionário para um cargo superior ao ocupado. Na promoção vertical, normalmente são verificadas as habilidades, conhecimentos, além de outros requisitos da qualificação profissional, e o desempenho do funcionário.

- **Promoção horizontal**

É o crescimento salarial do funcionário no cargo ocupado em função de um desempenho destacado. Essa modalidade somente é utilizada nas empresas que possuem faixa salarial.

Quadro 5

Extrato de Carreira para a Área de Informática

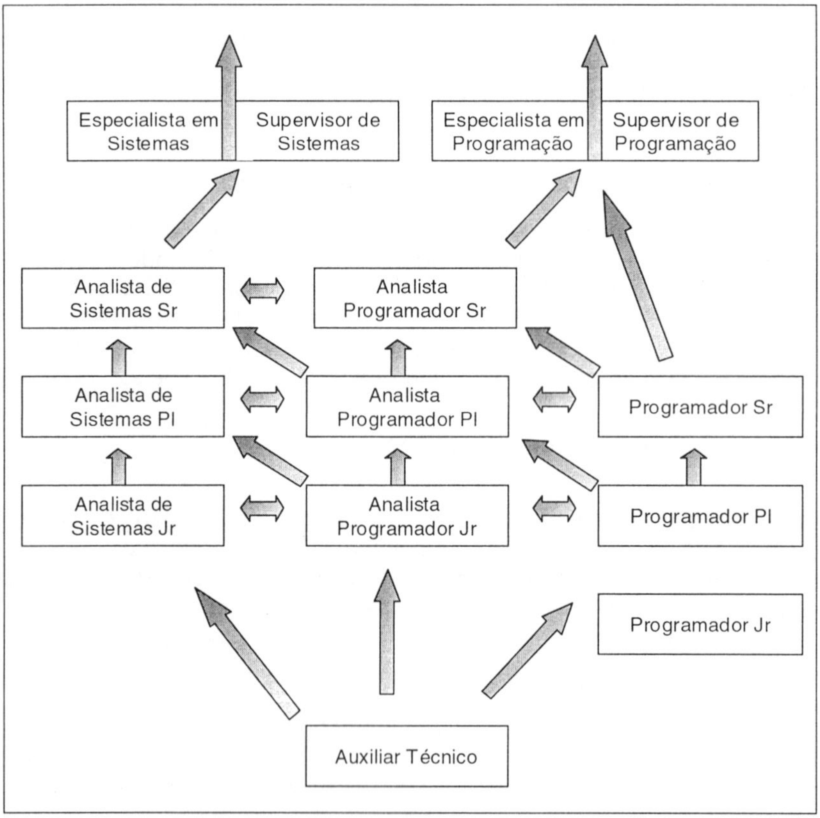

Os métodos de avaliação de desempenho

Os métodos de avaliação de desempenho, para fins didáticos, são classificamos em dois grupos: métodos individuais e métodos de equipe. Os métodos com aplicação da avaliação com foco no indivíduo — métodos clássicos — são subdivididos conforme a ênfase da avaliação: passado ou futuro, quer dizer se os métodos focam o comportamento que passou ou se têm uma preocupação maior com o comportamento futuro. Os métodos com ênfase da avaliação no passado são: 360°, Pesquisa de Campo, Incidentes Críticos, Frases Descritivas, Escala Gráfica, Escolha Forçada, Comparação Binária e Atribuição de Graus. Os métodos com ênfase da avaliação no futuro são: Competências de Equipe e Acompanhamento e Avaliação de Resultados. O quadro 6 traz a classificação dos métodos de avaliação.

Os métodos individuais, cuja ênfase da avaliação é o passado, têm como resultado uma avaliação duvidosa, além de requererem múltiplos cuidados em sua aplicação, proporcionada pela subjetividade dos critérios da avaliação. Os métodos individuais, cuja ênfase da avaliação é o futuro, são úteis e válidos uma vez que a avaliação contém critérios mais objetivos. Entre os dois métodos aí classificados, um deles é destacado, o método de Avaliação por Objetivos por estar relacionado diretamente aos objetivos estratégicos da organização. O quadro 7 relaciona o grau de objetividade aos métodos de avaliação. O método 360°, que advém de conceitos não recentes, mas com aplicação maior nos últimos anos, apesar de usar como foco o desempenho passado, contém um grau maior de objetividade em função da multiplicidade de avaliadores. O método de competências de equipes, também é sujeito à subjetividade. O método de Acompanhamento e Avaliação de Resultados tem seu foco no futuro, está intimamente relacionado com os objetivos estratégicos e possui uma base de avaliação totalmente objetiva e é aplicado para avaliar os resultados de equipes de trabalho, um dos aspectos preponderantes nas organizações contemporâneas. Todos esses métodos são descritos nos capítulos que se seguem.

Quadro 6
Classificação dos Métodos de Avaliação de Desempenho

Métodos Clássicos		Métodos Contemporâneos	
Ênfase da Avaliação: Passado	Ênfase da Avaliação: Futuro	Ênfase Avaliação: Passado	Ênfase Avaliação: Futuro
Pesquisa de Campo Incidentes Críticos Frases Descritivas Escala Gráfica Escolha Forçada Comparação Binária Atribuição de Graus	Avaliação por Objetivos Avaliação de Atividades	360 Graus	Acompanhamento e Avaliação de Resultados

Quadro 7
Escala de Objetividade dos Métodos de Avaliação

Perguntas para revisão e discussão

1. Por que é importante a adoção de um programa formal de avaliação de desempenho na empresa?
2. Qual o conceito da avaliação de desempenho?
3. Quais são as principais diferenças entre avaliação de desempenho, avaliação de cargos e avaliação de potencial?
4. Quais são as inter-relações entre a avaliação de desempenho e os demais subsistemas organizacionais?
5. Qual é o conceito de:
   - Objetivos;
   - Indicadores;
   - Padrões de desempenho;
   - Retroinformação;
   - Análise de cargos;
   - Ficha de acompanhamento de desempenho; e
   - Plano de carreiras ou de cargos.

Exercício

1. Tomando-se a descrição do cargo de secretária apresentada no texto do capítulo, estabeleça indicadores e padrões de desempenho para cada uma das atividades previstas.

CAPÍTULO 3

A EVOLUÇÃO DOS PROGRAMAS DE AVALIAÇÃO DE DESEMPENHO

"Cada ser humano nasce com algo novo,
algo que jamais existiu antes.
Nasce com o que necessita para vencer na vida."

Muriel James e
Dorothy Jongeward

Objetivos do capítulo

- **Descrever os métodos de avaliação de desempenho tradicionais: Atribuição de Graus, Comparação Binária, Escolha Forçada, Escala Gráfica, Frases Descritivas, Incidentes Críticos, Pesquisa de Campo.**
- **Verificar as dificuldades na aplicação dos métodos de avaliação de desempenho tradicionais.**
- **Descrever o método de transição Avaliação de Atividades.**

Desde os primórdios dos tempos em que o homem passou a habitar nosso planeta, com toda a certeza, alguma forma de avaliação do desempenho das pessoas era realizada. Se essa avaliação era feita de forma objetiva ou subjetiva, nunca saberemos.

Com o aparecimento das organizações, métodos formais de avaliação foram surgindo e sendo sofisticados ao longo do tempo. Apesar dessa evolução, o centro da avaliação continuou sendo o indivíduo, fortemente influenciada por aspectos subjetivos. A pouco tempo surgiram métodos que de fato passaram a avaliar os resultados atingidos pelas pessoas, em relação ao trabalho proposto. O início desse processo deu-se pela Administração Por Objetivos — APO, culminando, hoje, com a avaliação de resultados, cuja aplicação pode ser feita, inclusive, por equipe de trabalho.

Para narrar a evolução da avaliação de desempenho, vamos explanar sobre os diversos métodos já utilizados, anteriores à Administração Por Objetivos. Neste capítulo serão, portanto, estudados os métodos: Atribuição de Graus, Comparação Binária, Escolha Forçada, Escala Gráfica, Frases Descritivas, Incidentes Críticos, Pesquisa de Campo e Avaliação de Atividades. Será ainda vista a combinação desses métodos.

Comparação simples ou atribuição de graus

Esse é o método mais rudimentar. Constitui-se em avaliar o desempenho das pessoas por meio de uma escala previamente determinada, através da atribuição de conceito geral de desempenho, numa escala que varia de muito ruim até excepcional. Inicia-se a avaliação encontrando-se, em determinada equipe, três pessoas que possam ter seus desempenhos classificados como muito ruim, regular ou excepcional. Essas pessoas servirão, então, de parâmetros para a classificação das demais dentro da escala utilizada. Veja um exemplo no quadro 1.

Quadro 1

Atribuição de Graus de Desempenho aos Componentes de uma Equipe

ESCALA	GRAUS DE DESEMPENHO	PARÂMETROS	DEMAIS PESSOAS DA EQUIPE
1	DESEMPENHO MUITO RUIM	Mônica	Hélio
2	DESEMPENHO RUIM		Sílvia
3	DESEMPENHO REGULAR	Pedro	Francisco
4	DESEMPENHO BOM		Hugo
5	DESEMPENHO ÓTIMO		Ricardo
6	DESEMPENHO EXCEPCIONAL	André	Sueli

O método prende-se exclusivamente ao desempenho passado e, por avaliar as pessoas de uma forma global, nenhum programa de melhoria do desempenho daquelas classificadas com desempenho abaixo do esperado, assim como também não permite programas de desenvolvimento para as classificadas com desempenhos positivos. Não estabelece, também, as "regras do jogo" da avaliação, ficando as pessoas sem conhecer as razões de terem sido classificadas na escala de desempenho. Não estimula a criação de clima de diálogo entre os líderes e as pessoas das equipes, até mesmo dificultando essa comunicação. Assim, o método não atende os anseios de um programa positivo de avaliação de desempenho.

Comparação binária

Esse método, também precário, não atende os objetivos da avaliação de desempenho, pelas mesmas razões narradas anteriormente, uma vez que se prende ao passado, não permite ações para melhoria de desempenho e dificulta a comunicação entre líderes e membros das equipes.

O método consiste, também, na apreciação relativa entre as pessoas que compõem uma equipe de trabalho. O processo de avaliação é efetuado através da comparação do desempenho de cada indivíduo com os demais membros do grupo, com o auxílio de uma tabela de dupla entrada, conforme apresentado no quadro 2.

Quadro 2

Avaliação Através de Comparação Binária

	Álvaro	Maria	Mônica	Beatriz	Pedro
Álvaro		-	-	+	-
Maria	+		+	+	-
Mônica	+	-		+	-
Beatriz	-	-	-		-
Pedro	+	+	+	+	
Somar 1	**1**	**1**	**1**	**1**	**1**
Pontos	**4**	**2**	**3**	**5**	**1**

É um trabalho minucioso e torna-se mais difícil quanto maior for o número de pessoas a serem comparadas. A comparação é efetuada entre as pessoas descritas em cada uma das colunas com aquelas descritas nas linhas horizontais da tabela. Dessa forma, o desempenho de Álvaro é comparado com o desempenho de Maria, Mônica, Beatriz e Pedro, supondo que esses sejam os componentes do grupo. Quando o desempenho de Álvaro é melhor que o da pessoa comparada, é anotado o sinal de "+", e quando é pior deve ser anotado o sinal de "-". O sinal de "+" corresponde a 1 ponto e o sinal de "-" corresponde a zero. Após efetuar a avaliação comparativa do desempenho entre os membros do grupo são somados os pontos atribuídos a cada um deles adicionado de mais um ponto, obtendo-se o escalonamento das pessoas desde o pior até o melhor desempenho. No nosso exemplo, o escalonamento seria: Pedro (pior desempenho), Maria, Mônica, Álvaro e Beatriz (melhor desempenho).

Escolha forçada

O método de escolha forçada (*forced ranking*, em inglês) é um dos que apresentam grandes controvérsias quanto a sua eficácia. Ou a empresa acredita em sua eficácia ou não; não há meio-termo! É praticado por grandes corporações e é um dos mais antigos. Segundo *Chiavenato*, "é um método de avaliação que foi desenvolvido por uma equipe de técnicos americanos, durante a 2ª Grande Guerra Mundial, para a escolha de oficiais das Forças Armadas que deveriam ser promovidos".(13)

O método parte do pressuposto de que deve existir, em uma empresa, uma curva normal de desempenho, isto é, alguns funcionários com desempenhos ruins, certo número de funcionários com desempenhos bons e alguns outros com desempenhos excelentes. Consiste, portanto, a partir de um parâmetro predefinido de desempenho esperado, na distribuição dos funcionários de uma empresa nesses grupos predefinidos de desempenho.

Supondo o seguinte parâmetro predefinido de desempenho esperado, em uma organização, conforme mostrado no quadro 3, e caso a empresa tenha 100 funcionários, o resultado esperado da avaliação seria a classificação obrigatória de 10 funcionários no indicador E, 20 no indicador D, 40 no indicador C, 20 no indicador B e 10 no indicador A. O resultado da avaliação constitui-se exatamente em uma curva normal de desempenho.

Quadro 3

Parâmetro para Avaliação de Desempenho

INDICADORES DE DESEMPENHO	% DE FUNCIONÁRIOS COM DESEMPENHO ESPERADO
E = PÉSSIMO	10
D = SOFRÍVEL	20
C = REGULAR	40
B = BOM	20
A = ÓTIMO	10

A ilustração desse exemplo é mostrada no quadro 4.

É possível efetuar variações nos parâmetros. Por exemplo, 2,5% de desempenho esperado no indicador E, 25% no D, 45% no C, 25% no B e 2,5% no A. Podem ser estabelecidos valores que não resultem em curva normal de desempenho, como o exemplo a seguir: 10% no E, 40% no D, 30% no C, 18% no B e 2% no A. Pode, ainda, ser fixado um número de indicadores de desempenho diferente de cinco, como por exemplo três: desempenho abaixo do normal, desempenho normal e desempenho excepcional, com os mais diferentes parâmetros. No entanto, qualquer que seja o parâmetro a ser se-

(13) CHIAVENATO, Idalberto, *op. cit.*

guido, deve-se observar a premissa de que certo número de pessoas na organização tem desempenho abaixo do esperado, outras correspondem ao desempenho esperado e algumas superam o desempenho esperado.

Quadro 4

Ilustração Gráfica da Avaliação de Desempenho — Escolha Forçada

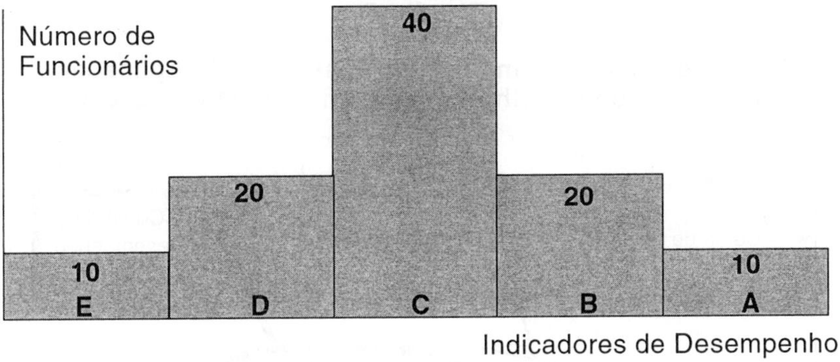

Como os demais métodos verificados, a aplicação deste é, também, de forma individual.

O método parte de uma suposição correta, a de que em qualquer sociedade devem existir diferenças de desempenho. Isso significa que por melhor que sejam os desempenhos das pessoas numa organização, sempre haverá desempenhos diferenciados para melhor e para pior em relação ao padrão de desempenho dessa corporação, fato esse reconhecido até por um dos maiores empresários do nosso tempo, Jack Welch — "em toda organização tem-se o que chamamos de curva da vitalidade. Essa curva mostra que 20% dos executivos podem ser classificados como melhores, 70% são vitais e 10% são os piores. É preciso sempre saber quem é quem, inclusive, nome, cargo e salário. Os que apresentam desempenho insatisfatório têm de ir embora".[14] A premissa mais moderna do método é a de que as pessoas por serem sujeitas ao *ranking*, irão ter maior preocupação com seu desenvolvimento, ainda mais quando ficarem entre aqueles 10% pior; pode causar desligamento do quadro de funcionários. Assim, os 10% excepcionais têm que continuar nesse patamar, mas estarão sendo empurrados para frente pelo pelotão

(14) ALCÂNTARA, Eurípedes. "O Capital Segundo Jack", *in Revista Veja*. São Paulo: Abril, edição 1717, 12/setembro/2001.

dos intermediários, que querem ir para o patamar superior, ou no mínimo continuar nele e não escorregar para o patamar inferior. Nesse sentido a empresa mantém um plano de desenvolvimento compulsório. E todos ganham, a empresa e os funcionários que conseguem se desenvolver. Perdem aqueles que não conseguem um desenvolvimento maior em desempenho. O quadro 5, mostra, como ilustração, o efeito da escolha forçada numa empresa num período de três anos, supondo a demissão dos 10% com desempenho inferior.

Quadro 5

Efeito no Desenvolvimento das Pessoas pela Aplicação do Método da Escolha Forçada em uma Organização

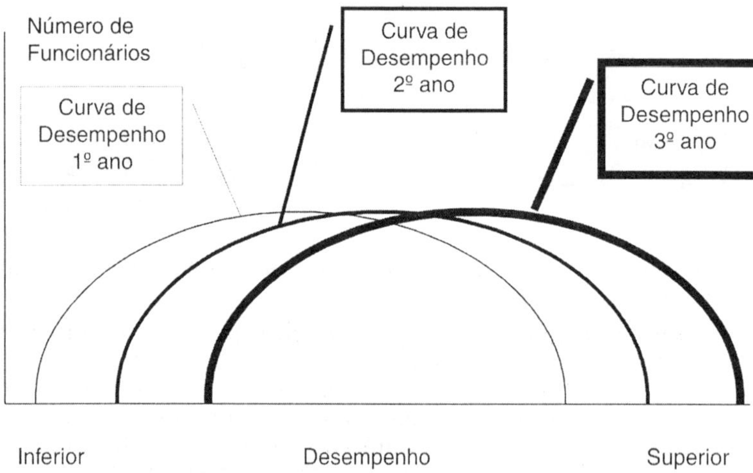

No aspecto do desenvolvimento forçado não há dúvidas quanto à validade do método, pois mesmo outras questões podem favorecer a aplicação do método. Segundo *Dick Grote*, "em empresas que não fazem *ranking* de funcionários, cada um pode sair de uma reunião de avaliação de desempenho sentindo-se acima da média, principalmente se algum gerente camarada estabelecer padrões de avaliação muito baixos. No entanto, isso não acontece quando há um sistema de classificação compulsória".[15]

A grande questão que se apresenta é de como será feita a avaliação. Critérios quanto à escolha dos fatores devem ser defini-

---

(15) GROTE, Dick. "O *Ranking* Compulsório", *in HSM Manegement*. São Paulo, maio junho/2003.

dos, como por exemplo os resultados alcançados, qualidade da execução do trabalho, entre outros que não tornem a avaliação, por demais subjetiva. Fazer a avaliação sem a utilização de fatores pode torná-la por demais subjetiva e comprometer todo o processo.

Há, obviamente pelo conceito implícito no método, principalmente quando aplicado critério de desligamento dos classificados com desempenho inferior, argumentos contrários. Esses argumentos vêm principalmente dos mais humanistas que acreditam que a empresa deveria desenvolver as pessoas com desempenho inferior (pelo menos num primeiro momento) e não simplesmente demiti-las. Outro problema é quanto à rigidez ou quanto à forma de aplicação, como método de avaliação, que levaram a experiências desastrosas. Não faltaram exemplos ... com direito às promoções.

Muitas empresas, apesar das controvérsias, adotam a metologia. Afirma *Dick Grote:* "a GE não está só: classificar funcionários é uma prática diária em companhias como Microsoft, Cisco Sistems, Hewlett-Packard e Sum Microsystems ... A *Fortune* estima que um quarto das empresas da lista *Fortune 500* já instituiu programas de classificação compulsória".[16]

É correta a afirmação que em uma empresa deve sempre existir pessoas com desempenhos diferentes.

Numa era de competitividade empresarial, em que manter talentos é questão de sobrevivência o pressuposto do método torna-se interessante, porque o foco do desenvolvimento será nos funcionários com melhor desempenho. Por outro lado, em uma empresa competitiva deve existir estímulo ao desenvolvimento, e o método, força todos os funcionários a terem uma preocupação adicional nesse campo. Os argumentos são favoráveis, apesar da preocupação com o lado humano. Agora, se uma empresa atingiu um grau elevado de desempenho superior, a escolha forçada trará problemas, por ter de escolher entre bons funcionários um número para um patamar inferior de desempenho, quando não existe esse número. Isso pode levar a destruições de equipes altamente motivadas e com desempenho superior.

É uma metodologia, no mínimo intrigante, que consegue altos resultados em empresas que possuem valores mais competitivos, e poderá levar a desastres em empresas mais paternalistas.

---

(16) GROTE, Dick. "O *Ranking* Compulsório", *in HSM Manegement.* São Paulo, maio/junho/2003.

Escala gráfica

Esse foi o método mais largamente empregado e divulgado pelas empresas e com extensa bibliografia sobre o assunto. Com o passar do tempo, o método foi sendo sofisticado, incluindo o processo de ponderação. Aparentemente, com o cuidado tomado na conceituação da metodologia, durante a preparação das fichas de avaliação e no treinamento dos líderes para a avaliação, pensava-se que se tratasse de um método de utilização simples e objetivo. Puro engano. Na prática, a metodologia tornava-se extremamente subjetiva, e, em vez de avaliar o desempenho das pessoas, terminava-se por avaliar as próprias pessoas.

O método traz as vantagens da facilidade do entendimento por parte de todas as pessoas da organização, pela sua simplicidade durante a aplicação e por permitir a avaliação do desempenho dos funcionários em face das características mais preconizadas pelas empresas.

No entanto, no campo das desvantagens, o método também apresenta uma série delas. A primeira é que não há flexibilidade na aplicação, e o líder deve, portanto, ajustar-se, durante o processo, à redação da ficha de avaliação. Segundo, porque a preocupação do método é com o passado, obrigando o líder a desempenhar o papel de juiz e as pessoas de sua equipe, o papel de réus. Terceiro, porque é complicado o processo de comunicação entre o líder e sua equipe de trabalho, por ocasião do *feedback* do resultado, principalmente quando o desempenho constatado não foi bom em um dos fatores da avaliação, dada a subjetividade existente, por melhor que tenham sido a escolha e a redação dos fatores que compõem a metodologia.

Descrição do método

A escala gráfica é um método que permite a avaliação do desempenho das pessoas por meio de características ou fatores previamente estabelecidos. Esses fatores são graduados através da descrição de desempenho, prevendo variações de ruim a excepcional. Portanto, para cada graduação são dados exemplos de comportamentos esperados pelos funcionários em seus respectivos cargos. São escolhidas, normalmente, cerca de dez características mais aplicáveis a um conjunto de cargos, que servirão de parâmetros para a avaliação de seus ocupantes. Dessa forma, são feitas, em geral, três fichas de avaliação, uma para cargos operacionais, outra para cargos administrativos e a última para cargos de liderança. Abaixo, são fornecidos exemplos de fatores ou características empregadas nesse tipo de avaliação:

- Administração do tempo;
- Análise e julgamento;
- Assiduidade;
- Atendimento às normas da empresa;
- Atitude no trabalho;
- Colaboração com o grupo;
- Comunicação;
- Conhecimento do trabalho;
- Controle do trabalho;
- Conservação dos bens da empresa;
- Criatividade;
- Cumprimento de metas;
- Cumprimento de prazos;
- Dedicação;
- Disciplina;
- Iniciativa;
- Interesse pelo trabalho;
- Liderança;
- Cumprimento de normas de segurança no trabalho;
- Organização;
- Planejamento do trabalho;
- Pontualidade;
- Postura profissional;
- Produção e rendimento;
- Produtividade;
- Qualidade do trabalho;
- Rapidez no trabalho;

- Relacionamento com a equipe de trabalho;
- Relações humanas, de forma geral;
- Sociabilidade;
- Tomada de decisão;
- Utilização do tempo.

Estes fatores são definidos e os indicadores descritivos de desempenho devem ser elaborados, após a escolha dos fatores, conforme mostrado nos três modelos de ficha de avaliação, nos quadros 6, 7 e 8. As diferenças entre os modelos apresentados são que, no primeiro (quadro 5), o desempenho observado do indivíduo, no período de avaliação, tem de ser enquadrado em um dos indicadores propostos na ficha de avaliação. O modelo dois (quadro 6) permite uma flexibilidade um pouco maior, uma vez que existem opções no mesmo indicador, para enquadramento do desempenho observado, por exemplo, a avaliação do fator produtividade permite o enquadramento em B7 ou B8 ou B9. Esse modelo permite, também, obter diretamente os pontos totais do resultado da avaliação. O terceiro modelo (quadro 6) apresenta uma flexibilidade ainda maior, uma vez que somente são definidos os indicadores de desempenho extremados — excelente e ruim —, deixando por conta do avaliador a determinação dos indicadores intermediários.

Quadro 6

Modelo 1 — Ficha de Avaliação de Desempenho pela Escala Gráfica

NOME:

Assinale com "X" o indicador que corresponde ao desempenho do avaliado

CARACTERÍSTICAS	INDICADORES DE DESEMPENHO			
	A	B	C	D
PRODUÇÃO:	☐ Ultrapassa sempre a produção exigida, executando rapidamente seu trabalho.	☐ Com freqüência ultrapassa o exigido.	☐ Executa o exigido.	☐ Abaixo do exigido, executando lentamente seu trabalho.
QUALIDADE: Apresenta exatidão e ordem do trabalho.	☐ Excelente apresentação, ordem e exatidão do trabalho.	☐ Com freqüência o trabalho é apresentado em ordem e com exatidão.	☐ Normalmente, o trabalho é apresentado em ordem e com exatidão.	☐ Trabalho relaxado e com grande número de erros.
INICIATIVA/ CRIATIVIDADE: Proposição de soluções ou sugestões criativas em situações novas.	☐ Sempre sugere soluções criativas em situações novas.	☐ Às vezes, sugere soluções criativas em situações novas.	☐ Em situações novas chega a sugerir soluções, porém, sem nenhuma criatividade.	☐ Incapaz de sugerir qualquer solução em situações novas.
COOPERAÇÃO: Vontade de cooperar com o grupo na execução do trabalho.	☐ Sempre com vontade de cooperar com o grupo.	☐ Às vezes, colabora com o grupo.	☐ Somente se solicitado colabora com o grupo.	☐ Não colabora com o grupo de trabalho.

INDICADORES DE DESEMPENHO:

A — Desempenho Ótimo

B — Desempenho Bom

C — Desempenho Regular

D — Desempenho Fraco

Desempenho Global ☐

Preencha com o indicador que, no seu julgamento, caracteriza o desempenho geral do avaliado.

Quadro 7

Modelo 2 — Ficha de Avaliação de Desempenho pela Escala Gráfica

NOME:

Verifique o indicador que mais se aproxima do desempenho do empregado, e depois, assinale o número escolhido. O número de maior valor dentro do indicador é o correspondente ao melhor desempenho e o de menor valor é o correspondente a um desempenho inferior ao descrito.

CARACTERÍSTICAS	INDICADORES DE DESEMPENHO			
	A	B	C	D
PRODUTIVIDADE Rendimento do trabalho.	12 11 10 Muito rápido.	9 8 7 Com freqüência ultrapassa o exigido.	6 5 4 Executa o exigido.	3 2 1 Abaixo do exigido, executando lentamente seu trabalho.
DISCIPLINA/ INTEGRAÇÃO Respeito à cultura e às normas da companhia.	12 11 10 Alto grau de disciplina, respeito à cultura e às normas da organização. Planejamento integrado à empresa.	9 8 7 Respeita os valores e as normas da organização. Integrado à empresa.	6 5 4 Quando orientado, respeita os valores e as normas da organização. Procura uma integração na empresa.	3 2 1 Faz críticas aos valores da empresa e tem desinteresse em atuar dentro das normas organizacionais. Não demonstra interesse em integrar-se na empresa.

INDICADORES DE DESEMPENHO:

A — Desempenho Ótimo

B — Desempenho Bom

C — Desempenho Regular

D — Desempenho Fraco

Desempenho Global ☐

Preencha com o total dos pontos alcançados pelo avaliado.

Quadro 8

Modelo 3 — Ficha de Avaliação de Desempenho pela Escala Gráfica

<table>
<tr><td colspan="3">NOME:</td></tr>
<tr><td colspan="3">Assinale com "X" o indicador que mais se aproxima do desempenho do empregado. São apresentados os extremos de desempenho, ficando por conta do avaliador fixar os desempenhos intermediários.</td></tr>
<tr><td colspan="3">DISCIPLINA: Adesão aos procedimentos e normas da companhia.</td></tr>
<tr><td>Executa seu trabalho dentro de todas as normas e procedimentos. Dedica um número de horas além de sua jornada de trabalho. Sempre assíduo e pontual.</td><td>4 3 2 1</td><td>Não observa os procedimentos e normas. Sempre chega atrasado. Não cumpre sua jornada de trabalho.</td></tr>
<tr><td colspan="3">COOPERAÇÃO: Disposição para cooperar com os demais membros do grupo na realização dos trabalhos.</td></tr>
<tr><td>Destaca-se pela boa vontade e pela espontaneidade na cooperação com os demais membros da sua equipe de trabalho.</td><td>4 3 2 1</td><td>Não colabora com o grupo na realização do trabalho.</td></tr>
<tr><td colspan="3">QUANTIDADE DE TRABALHO: Volume de produção e atendimento de prazos.</td></tr>
<tr><td>Altamente produtivo e sempre cumprindo os prazos preestabelecidos.</td><td>4 3 2 1</td><td>Improdutivo e sempre atrasado em relação aos prazos preestabelecidos.</td></tr>
<tr><td colspan="3">INDICADORES DE DESEMPENHO:

A — Desempenho Ótimo
B — Desempenho Bom
C — Desempenho Regular
D — Desempenho Fraco

Desempenho Global ▢

Preencha com o indicador que, no seu julgamento, caracteriza o desempenho global do avaliado.</td></tr>
</table>

O método permite representar graficamente o desempenho do avaliado em cada um dos fatores da ficha de avaliação, daí o nome escala gráfica. O quadro 9 mostra um exemplo de representação gráfica de uma avaliação de desempenho, supondo que a ficha contenha 6 fatores. O objetivo da representação gráfica é permitir verificação rápida do desempenho do avaliado e análise dos fatores nos quais o desempenho foi bom ou ruim para ações de melhoria. Possibilita, também representar em mesmo quadro o desempenho histórico do funcionário — acompanhamento do desempenho histórico — em termos gráficos, facilitando a análise comparativa do desempenho de vários períodos de avaliação, fator a fator, conforme mostrado no quadro 10. Podem ser feitos, em uma mesma tabela, gráficos de vários períodos de avaliação, permitindo análise comparativa do desempenho, fator a fator, nos períodos avaliados.

Quadro 9

Representação Gráfica de uma Avaliação

FATORES	A	B	C	D
Iniciativa	X			
Comunicação		X		
Criatividade			X	
Dedicação		X		
Organização		X		
Liderança	X			

Quadro 10
Acompanhamento do Desempenho Histório

Acompanhamento do Desempenho – Funcionário:												
FATORES	Ano 1				Ano 2				Ano 3			
	A	B	C	D	A	B	C	D	A	B	C	D
Iniciativa	X				X				X			
Comunicação		X				X				X		
Criatividade			X			X				X		
Dedicação		X			X				X			
Organização		X				X			X			
Liderança	X				X				X			

Escolha dos fatores de avaliação

A escolha dos fatores que irão compor as fichas de avaliação é realizada de forma participativa. A área responsável escolhe cerca de vinte fatores aplicáveis ao grupo de cargos e solicita a um grupo de líderes da empresa que indique certo número de fatores, dependendo da quantidade desejada para compor a ficha de avaliação, digamos dez fatores entre os vinte selecionados previamente. A área responsável efetua a tabulação dos dados, indicando para cada ficha de avaliação as dez características mais desejadas pelo grupo de líderes.

Ponderação da ficha de avaliação

Todos os modelos de fichas de avaliação, por meio de escala gráfica, permitem atribuição de pontos. Dos três modelos apresentados, somente o segundo era ponderado previamente, mas tanto o primeiro como o terceiro podem ser ponderados através de um processo simples, conforme verificaremos a seguir. O processo prevê a participação de um grupo de líderes da empresa. Para efeito de demonstração do processo de ponderação, a suposição foi que a ficha de avaliação possui dez características; porém, é similar quando o número de fatores for diferente de dez. Os passos são os seguintes:

- Cada líder convidado para compor o grupo de ponderação da ficha de avaliação deve ser instruído para atribuir peso cinco para as duas características que, em sua opinião, são as mais relevantes; peso quatro para as duas seguintes, em importância; peso três para as duas características seguintes; na seqüência para as duas seguintes, peso dois, e, finalmente, peso um para as duas características menos importantes.
- A área responsável pelo processo efetua a tabulação da distribuição dos pesos, obtendo-se a média dos pontos atribuídos a cada característica da ficha de avaliação. O quadro 11 ilustra a atribuição dos pesos efetuados pelos líderes, supondo aqui que fossem três os integrantes da comissão, bem como o cálculo da média dos pontos obtidos em cada um dos fatores.

Quadro 11
Tabulação da Distribuição dos Pesos

CARACTERÍSTICAS	DISTRIBUIÇÃO DOS PESOS PELOS LÍDERES				
	Líder A	Líder B	Líder C	Média	Média Arredondada
Análise e Julgamento	5	5	5	5	5
Comunicação	2	2	1	1,8	2
Conhecimento do Trabalho	5	5	4	4,8	5
Criatividade	4	4	3	3,8	4
Cumprimento dos Prazos	3	3	3	3,0	3
Dedicação	4	4	5	4,3	4
Disciplina	1	1	2	1,3	1
Liderança	2	3	2	2,3	2
Organização	3	1	4	2,6	3
Qualidade do Trabalho	1	2	1	1,3	1

- Os pontos do indicador de desempenho ruim, em cada uma das características da ficha de avaliação, correspondem à média arredondada atribuída pelos líderes. Por exemplo, na característica Análise e Julgamento, o número de pontos do indicador de desempenho muito ruim corresponderá a cinco. Supondo que tenhamos quatro indicadores, na ficha de avaliação, de A a D, e que o A corresponda ao indicador excelente e o D ao desempenho muito ruim, a média arredondada encontrada no quadro 9 equivalerá ao indicador D. O quadro 12 ilustra a atribuição do peso ao indicador de desempenho D em cada uma das características.

Quadro 12

Tabela de Pontos para o Indicador D

CARACTERÍSTICAS	INDICADORES DE DESEMPENHO			
	A	B	C	D
Análise e Julgamento				5
Comunicação				2
Conhecimento do Trabalho				5
Criatividade				4
Cumprimento de Prazos				3
Dedicação				4
Disciplina				1
Liderança				2
Organização				3
Qualidade do Trabalho				1

- O próximo passo é a obtenção dos pontos dos indicadores C, B e A. Os pontos do indicador C são obtidos pela multiplicação dos pontos atribuídos ao indicador D por dois. Os pontos do indicador B obtêm-se pela multiplicação por três dos pontos do indicador D e, finalmente, para encontrar os pontos do indicador A, multiplicam-se os pontos do indicador D por quatro. O resultado encontrado é apresentado no quadro 11.

- O próximo passo é calcular a grade de pontos que irá definir um desempenho ótimo, bom, regular e fraco. O cálculo é efetuado a partir do total de pontos de cada indicador de desempenho. O total de pontos de cada indicador de desempenho pode ser observado no quadro 13. Calcula-se a média do total de pontos dos indicadores A e B e, após, a média do total de pontos dos indicadores B e C e do total de pontos dos indicadores C e D:

— Média dos pontos dos indicadores A (120) e B (90) = 105;
— Média dos pontos dos indicadores B (90) e C (60) = 75;
— Média dos pontos dos indicadores C (60) e D (30) = 45.

Quadro 13

Tabela de Pontos para os Indicadores da Ficha de Avaliação

CARACTERÍSTICAS	INDICADORES DE DESEMPENHO			
	A	B	C	D
Análise e Julgamento	20	15	10	5
Comunicação	8	6	4	2
Conhecimento do Trabalho	20	15	10	5
Criatividade	16	12	8	4
Cumprimento de Prazos	12	9	6	3
Dedicação	16	12	8	4
Disciplina	4	3	2	1
Liderança	8	6	4	2
Organização	12	9	6	3
Qualidade do Trabalho	4	3	2	1
TOTAL DOS PONTOS	**120**	**90**	**60**	**30**

• As médias encontradas serão as referências limítrofes para a construção da grade de desempenho, conforme observado no quadro 14.

Quadro 14

Grade de Desempenho

DESEMPENHO	PONTOS
FRACO	até 44,9
REGULAR	entre 45 e 74,9
BOM	entre 75 e 104,9
ÓTIMO	acima de 105

A partir de uma ficha ponderada, o resultado da avaliação permite conclusão rápida sobre o desempenho dos funcionários. O quadro 15 exemplifica a avaliação efetuada de três funcionários. Quando é atribuído conceito A, B, C ou D em um fator, esse conceito corresponde a um número de pontos, conforme o quadro 13. A soma dos pontos obtidos pelo funcionário corresponde ao resultado do desempenho final da avaliação, conforme a grade de desempenho do programa (quadro 14). Assim o desempenho dos funcionários seria o seguinte: Maria, desempenho final ótimo (112 pontos); Francisco, desempenho final bom (91 pontos), e João, desempenho final regular (66 pontos).

Quadro 15
Exemplo de Avaliação

CARACTERÍSTICAS	MARIA	FRANCISCO	JOÃO
Análise e Julgamento	A (20)	B (15)	D (5)
Comunicação	B (6)	C (4)	B (6)
Conhecimento do Trabalho	A (20)	B (15)	C (10)
Criatividade	B (12)	B (12)	B (12)
Cumprimento de Prazos	A (12)	B (9)	B (9)
Dedicação	A (16)	A (16)	B (12)
Disciplina	A (4)	A (4)	C (2)
Liderança	B (6)	C (4)	D (2)
Organização	A (12)	B (9)	C (6)
Qualidade do Trabalho	A (4)	B (3)	C (2)
TOTAL DOS PONTOS	**112**	**91**	**66**

Avaliação de competências através da escala gráfica

Seguindo o mesmo formato apresentado na metodologia da escala gráfica, os fatores são substituídos por Competências. As competências definem comportamentos das pessoas para atender as necessidades corporativas. As competências podem ter o caráter corporativo que são os comportamentos individuais esperados para atendimento estratégico, como por exemplo: foco no cliente, orientação para resultados, trabalho em equipe, entre outras. Em cada organização são definidas as competências essenciais que atendam aos objetivos estratégicos. Ainda, as competências podem ter caráter específico, que atendam necessidades da área de negócio em que o funcionário trabalha, como por exemplo a amplitude e profundidade de conhecimentos sobre sua área, autodesenvolvimento, criatividade, entre outras.

As competências substituindo os fatores tradicionais da escala gráfica têm uma roupagem mais moderna; porém, sujeita ao mesmo grau de subjetividade que os fatores tradicionais.

A avaliação de competências formulada através da escala gráfica é o instrumento de maior utilização no modelo 360°, que será visto mais adiante. O quadro 16 apresenta um modelo de avaliação de competências.

Quadro 16
Avaliação de Competências

Competências	**Indicadores**			
	1	**2**	**3**	**4**
Corporativas				
Foco no Cliente Conhece as necessidades dos clientes, conduzindo os negócios para superar suas expectativas.				
Formação de Equipe Forma equipes eficazes, selecionando pessoas com base no conjunto de habilidades, experiência e competências necessárias à execução do trabalho.				
Diversidade de Valores Reconhece que as pessoas são diferentes e salienta o valor destas diferenças. Valoriza a diversidade de idéias, experiências, habilidades, competências e estilos de trabalho individual.				
Específicas				
Desenvolvimento de Pessoas Estimula e apóia o aperfeiçoamento das habilidades e competências dos membros da Equipe.				
Liderança Pessoal Inspira, motiva e influencia as pessoas, independente de sua autoridade ou posição.				
Comunicação Comunica-se efetivamente com os membros da Equipe usando estilos interpessoais apropriados, tecnologias e outros métodos considerando as necessidades, natureza e o propósito da comunicação.				
Indicadores: 1 — Abaixo das expectativas 2 — Corresponde às expectativas 3 — Excede em parte às expectativas 4 — Excede às expectativas				

Propensões do avaliador

Como pode ser observado, pela análise de quaisquer das fichas apresentadas, por melhor que seja a definição dos fatores de avaliação e dos indicadores de desempenho, a dificuldade, conforme discutido, é tornar objetiva a avaliação, uma vez que as definições podem levar a interpretações dúbias. O que é o fator "qualidade", por exemplo, para um avaliador, permite interpretação diferente para outro, e o que é pior, a conceituação dos indicadores A, B, C e D torna ainda mais fácil variações nas interpretações. Se é difícil padronizar interpretações entre os avaliadores, somem-se dificuldades no entendimento entre todos os membros de uma empresa, tornando difícil a aceitação do resultado da avaliação pelo funcionário.

O método da escala gráfica, apesar de reduzir as tendências em relação aos métodos anteriores, é sujeito a certas propensões do avaliador, motivadas pela dificuldade em separar, no momento da avaliação, a pessoa do seu comportamento. Por isso, a necessidade de treinamento e aconselhamento, para a adoção dessa metodologia. Mesmo com treinamento e aconselhamento dos avaliadores, na prática as distorções surgiam.

As principais propensões dos avaliadores são:

• **Efeito halo**

Ocorre esse efeito quando o superior gosta do indivíduo a ser avaliado e sua opinião é distorcida, no momento de julgar o seu desempenho. Pelo fato de gostar do indivíduo, sua opinião quanto ao desempenho em todos os fatores é sempre boa.

• **Efeito tendência central**

Ocorre quando o líder não gosta de avaliar sua equipe com desempenhos extremados — excelente ou péssimo — e, assim, sua avaliação tende ao centro — média. Para evitar essa tendência, as fichas de qualquer tipo de avaliação devem conter um número par de indicadores.

• **Efeito complacência ou rigor**

Esse é o efeito contrário ao da tendência central. Ocorre quando o líder acha que todos os membros da sua equipe têm um ótimo desempenho ou um péssimo desempenho, e, assim, ao avaliá-los, em todos os fatores os indicadores serão extremados.

• **Efeito preconceito pessoal**

Ocorre quando, ao avaliar o desempenho de uma pessoa da equipe, essa avaliação é distorcida por puro preconceito em relação à pessoa avaliada. Pode ocorrer preconceito de cor, religião, sexo, entre outros.

• **Efeito recentidade**

Ocorre quando o líder avalia as ações mais recentes e não as ações de todo o período correspondente à avaliação. Assim, se as últimas ações foram positivas ou negativas, a avaliação refletirá um desempenho ótimo ou ruim.

Frases descritivas

O método de frases descritivas consiste na avaliação do desempenho do funcionário através de comportamentos descritivos, previamente estipulados. É elaborado um conjunto de frases que tentam expressar um comportamento ideal e um comportamento negativo no trabalho, conforme exemplo mostrado no quadro 17. O método pressupõe que seja elaborado um conjunto com número par de frases que descrevam o comportamento negativo e o comportamento positivo no trabalho. O líder, ao avaliar, assinala "sim", quando o comportamento descrito corresponde ao desempenho do funcionário, e "não", quando o desempenho do funcionário não corresponde ao comportamento descrito. As frases que descrevem comportamentos positivos contam 1 ponto. Dessa forma, quando assinalado "sim" em uma dessas frases a avaliação é acrescida de 1 ponto, e, quando assinalado "não", de zero ponto. As frases que descrevem comportamento negativo descontam 1 ponto na avaliação. Portanto, quando assinalado "sim" em uma dessas frases a avaliação é decrescida de 1 ponto, e, quando assinalado "não", de zero ponto. Ao final da avaliação, somam-se os pontos obtidos pelo funcionário, que resulta na avaliação global (conceito final). Para facilitar o estabelecimento do conceito final, pode ser desenvolvida uma tabela de pontos correspondentes aos conceitos desejados. O modelo prevê, normalmente, a utilização de cerca de vinte frases, sendo dez que descrevem comportamento positivo e dez que descrevem comportamento negativo.

Esse é mais um método que leva a resultados indesejáveis em aplicações nas situações de trabalho. Na aplicação, surgem os mesmos problemas já citados anteriormente.

Quadro 17

Exemplo de Ficha de Avaliação — Método Frases Descritivas

DESCRIÇÃO DO DESEMPENHO	SIM	NÃO
É assíduo e pontual.		
Não gosta de obedecer às normas da empresa.		
Interessa-se em aprender novos processos de trabalho.		
Sua apresentação pessoal no trabalho deixa a desejar.		
Sua produtividade no trabalho é ótima.		
O resultado final do seu trabalho contém erros.		

Incidentes críticos

O método dos incidentes críticos tem como pressuposto que no comportamento dos indivíduos existem certas características que podem levar a resultados normais, muito positivos, ou muito negativos. O método não tem a preocupação de avaliar as situações normais, mas, sim, os extremos de comportamento, tanto positivos quanto negativos no trabalho. O método pressupõe observação e registro sistemático, tanto dos fatos positivos quanto dos negativos, por parte do líder, sobre o comportamento das pessoas da sua equipe, nas situações de trabalho. A finalidade é encontrar as exceções entre os membros das equipes de trabalho. A título de exemplo, os quadros 18 e o 19 mostram relatórios de situações extremadas de dois membros de uma equipe de trabalho. Um exemplo negativo é apresentado no quadro 18 e um exemplo positivo no quadro 19.

Quadro 18

Exemplo de Relatório Negativo — Método de Incidente Crítico

Nome: Unidade:	
DATA	**INCIDENTE CRÍTICO**
8/jan.	Não foi cortês com um cliente ao telefone, quando este reclamava de um produto com defeito. O cliente telefonou para o líder, efetuando reclamação do atendimento.
18/jan.	Não forneceu com exatidão informação requerida pelo cliente, quanto ao prazo de entrega da mercadoria, e foi ríspido em novo telefonema desse cliente, gerando reclamação, por escrito, do cliente quanto ao atendimento prestado.

Quadro 19

Exemplo de Relatório Positivo — Método de Incidente Crítico

Nome: Unidade:	
DATA	**INCIDENTE CRÍTICO**
18/fev.	Resolveu um problema complexo de defeito do produto "Z", elevando a margem de segurança em sua utilização de 95 para 100%, o que mereceu elogios dos clientes e da imprensa.
30/mar.	Apresentou um projeto de melhoria do produto "N", que reduziu o tempo de fabricação de 20 para 10 horas.

Os membros da equipe que apresentam exceções positivas de comportamento no trabalho devem ser realçados e estimulados a melhor utilizar suas características positivas. O trabalho do líder com os membros da equipe que têm comportamentos localizados na outra extremidade — comportamento negativo — é tentar a correção por meio de orientação constante.

O método do incidente crítico exige muita sensibilidade do líder para sua aplicação. A discussão, principalmente dos comportamentos negativos observados no trabalho, deve ser concentrada somente no incidente e nunca no aspecto da personalidade que originou a situação. No exemplo negativo observado no quadro 18, sem nenhuma dúvida, existe um problema de relacionamento. Se a discussão for sobre relacionamento, será interminável e não levará a nenhuma melhoria de desempenho. Se a discussão for concentrada nos fatos, poderá ser levada a bom termo e algum avanço pode ser conseguido em relação ao desempenho do funcionário.

Mesmo as pessoas com comportamentos extremados positivos no trabalho podem apresentar comportamentos que aborrecem. O método do incidente crítico pode ajudar nessa área, uma vez que permite a discussão desses pontos através de fatos concretos. No entanto, não devem ser excessivamente enfatizados, quando esses comportamentos:

- não prejudicarem seu desempenho;
- não interferirem no desempenho de outros membros da equipe;
- não prejudicarem a imagem ou as relações com os clientes; e
- não prejudicarem seu progresso profissional.

O método de incidente crítico, dentro da escola clássica de avaliação de desempenho, é bem interessante. A sua preocupação central é em relação ao comportamento calcado em fatos reais e não, como nos métodos anteriormente narrados, em fatores de desempenho que terminam por avaliar aspectos pessoais do funcionário. A dificuldade aqui é anotar constantemente esses fatos, para que não passem despercebidos, ao longo do tempo, e exigir, como já dissemos, muita sensibilidade do avaliador. A aplicação do método em conjunto com outra metodologia mais moderna tem maior validade que sua aplicação isolada.

Pesquisa de campo ou revisão de campo

Conceituação do método

Dentro dos métodos tradicionais, a pesquisa de campo é o que melhor neutraliza a subjetividade da avaliação. É baseado em reuniões entre um técnico da área de Recursos Humanos com cada líder, para avaliação do desempenho de cada funcionário da equipe. Nessas reuniões são levantadas as causas e os motivos do desempenho do indivíduo, por meio da análise de fatos e situações.

Esse método permite um diagnóstico padronizado do desempenho dos funcionários e a possibilidade de planejar, conjuntamente com seus líderes, o desenvolvimento profissional de cada um. Na realidade, através do método de pesquisa de campo, o avaliador é treinado para analisar o comportamento do indivíduo na execução do trabalho e não a pessoa, na tentativa de eliminar a subjetividade da avaliação.

A avaliação, que é conduzida pelo Técnico, geralmente é dividida em cinco etapas:

- classificação geral do desempenho do empregado;
- análise do desempenho;
- plano de ação;
- entrevista de avaliação;
- conclusão geral da avaliação.

Etapas da avaliação

• Classificação geral do desempenho do empregado

Essa etapa é conduzida pelo técnico da área de Recursos Humanos, e consiste na solicitação ao líder para que ele faça uma avaliação geral do desempenho do funcionário a ser avaliado. É solicitada a classificação do desempenho do funcionário em um dos quatro indicadores: ótimo, bom, regular ou fraco. Para obtenção dessa classificação pode ser utilizada uma ficha de avaliação, com cerca de seis fatores relevantes ao cargo ocupado pelo funcionário, correspondente ao método escala gráfica, conforme mostrado anteriormente. Alternativamente, ainda pode ser utilizada uma ficha de avaliação contendo questões envolvendo os aspectos positivos e negativos sobre o desempenho do funcionário e sobre a avaliação geral do desempenho, conforme mostrado no quadro 20. Caso seja utilizada uma ficha de avaliação, conforme a apresentada no quadro 20, é solicitado o preenchimento pelo líder apenas do campo 1.

Quadro 20
Formulário para Método Pesquisa de Campo

NOME:
CAMPO 1 Pontos positivos do funcionário no trabalho: Pontos negativos do funcionário no trabalho: Avaliação Global do Desempenho: Desempenho Fraco ☐ Desempenho Regular ☐ Desempenho Bom ☐ Desempenho Ótimo ☐
CAMPO 2 Avaliação conjunta — Técnico de RH e Líder:
CAMPO 3 Planejamento do futuro do funcionário na empresa. • Objetivos Futuros: • Aconselhamento: • Treinamento: • Promoção:
CAMPO 4 Entrevista (pontos importantes a serem comentados com o funcionário):
CAMPO 5 Conclusão geral da avaliação:

• Análise do desempenho

Nessa etapa, de posse da avaliação global efetuada na primeira fase, o técnico da área de Recursos Humanos solicita ao líder do funcionário que está sendo avaliado informações específicas sobre o desempenho do empregado, tais como:

- motivos que levaram à classificação do desempenho;
- pontos positivos do desempenho do funcionário;
- pontos negativos do desempenho do funcionário;
- exemplos do comportamento, tanto do desempenho positivo quanto do desempenho negativo do funcionário;
- ajudas ou orientações recebidas pelo funcionário na execução do seu trabalho;
- treinamentos recebidos pelo funcionário;
- atribuições mais complexas experimentadas pelo funcionário.

Analisando as respostas dadas pelo líder, e de comum acordo, chega-se à avaliação final do desempenho do funcionário.

• Plano de ação

Essa é a etapa mais importante no processo. Com base na avaliação efetuada, o técnico e o líder elaboram o plano de ação para o futuro do funcionário na empresa. Se o desempenho do funcionário for negativo, e pelas conclusões da avaliação não houver formas de recuperação, deve ser recomendado seu desligamento da empresa. Tratando-se ainda de desempenho negativo, mas que possibilite uma recuperação, devem ser propostas formas de viabilizá-la, como aconselhamentos e treinamentos. Se o desempenho for positivo, o plano deve envolver ações para desenvolvimento futuro do funcionário na empresa.

• Entrevista de avaliação

O técnico elabora, em conjunto com o líder, o plano para a comunicação da avaliação do desempenho ao funcionário, bem como o plano de ação traçado.

O líder reúne-se com o funcionário para a comunicação da avaliação do desempenho, bem como do plano de ação sugerido.

• Conclusão geral da avaliação

Nessa última fase do processo, o técnico e o líder concluem a avaliação do desempenho e o plano de ação, tendo em vista os pontos abordados, durante a entrevista de avaliação de desempenho. A partir dessa fase, o líder passa a acompanhar o desempenho do funcionário, aconselhando-o sempre que necessário, levando em conta o plano de ação acordado, e recorrendo à área de Recursos Humanos, quando haja necessidade.

O início do rompimento com o passado

Com o método da pesquisa de campo, tem início o rompimento da avaliação somente do desempenho passado, dando lugar à preocupação com o desempenho futuro do funcionário. O método permite, a partir da análise do passado, o desenvolvimento e o planejamento do futuro do funcionário na empresa.

O método, embora pertencente à escola tradicional da avaliação de desempenho, é o melhor entre todos os apresentados e contempla a grande vantagem de desenvolver as lideranças na empresa quanto à importante questão da avaliação do desempenho dos funcionários de suas equipes. Após algum tempo de aplicação do método, não haverá mais necessidade do acompanhamento de técnicos da área de Recursos Humanos, durante as fases do trabalho, ficando sob inteira responsabilidade dos líderes da organização.

O método da pesquisa de campo, apesar de ser o mais confiável dentro da escola tradicional, apresenta uma enorme dificuldade de implantação, que é tornar disponível uma gama de profissionais para acompanhar o processo, e o tempo despendido pelas lideranças para avaliar desempenhos individuais dos integrantes de suas equipes. Levando em conta essas dificuldades, o método é positivo quando se pretende efetuar acompanhamento de desempenhos individuais, mesmo quando aplicados métodos que levam em conta desempenhos de grupos de trabalho.

Em relação à ficha de avaliação sugerida para o método, os demais campos desta são preenchidos durante as fases de aplicação do método.

Método de avaliação de atividades

Esse método é caracterizado pela avaliação do comportamento do funcionário em relação às atividades previstas para o seu cargo. Apesar de ser um método objetivo, fazemos sua classificação como tradicional, muito embora pertença, como é o caso da pesquisa de campo, à escola que começa a romper com o passado.

Para a aplicação do método, é necessário ter uma descrição do cargo detalhada e atualizada. Para facilitar a avaliação, pode ser estabelecido um padrão de desempenho desejável em cada uma das tarefas, que correspondam à qualidade, à quantidade ou aos prazos desejáveis na realização da atividade. Pode, ainda, ser utilizada uma metodologia de ponderação de importância de cada atividade, para que a avaliação final seja ainda mais objetiva e centrada nas responsabilidades mais importantes a cargo do funcionário, conforme mostrado no quadro 21.

Quadro 21

Exemplo do Método de Avaliação de Atividades

ATIVIDADES	PADRÃO DE DESEMPENHO	PESO	NOTA	PESO X NOTA
Elaborar a folha de pagamentos.	Efetuar a atividade nos prazos e sem ocorrência de erros.	35	4	140
Preparar as guias de recolhimento dos encargos sociais e trabalhistas.	Efetuar a atividade nos prazos e sem ocorrência de erros.	35	3	105
Manter o cadastro de registro de funcionários.	Manter em perfeita ordem e atualização.	20	4	80
Manter o arquivo de documentos.	Manter em perfeita ordem e atualização.	10	2	20
Total		**100**		**345**

No exemplo mostrado no quadro 21, foi utilizado um sistema de distribuição de peso da ordem de 100%. Para a avaliação de cada atividade (nota), podem ser utilizados os seguintes indicadores de desempenho:

- 4 — excedeu os resultados esperados;
- 3 — atendeu os resultados esperados;
- 2 — atendeu em parte os resultados esperados; e
- 1 — não atendeu os resultados esperados.

Para a aplicação do conceito final, poderia ser utilizada uma grade de desempenho, conforme a apresentada a seguir:

PONTOS	CONCEITO
Até 299	C
de 300 a 349	B
acima de 350	A

Essa metodologia é a que mais se aproxima da avaliação por objetivos, que será apresentada no próximo capítulo. É um método de avaliação que, como principal característica positiva, pressupõe uma negociação prévia do que se constitui um bom desempenho na organização. Em empresas que possuam cargos bem definidos e requeiram pessoas que atuem dentro das limitações do cargo o método funciona de forma positiva. A limitação de aplicação do método é somente nas organizações que mantêm cargos amplos e requeiram atuação multidisciplinar ou a polivalência de seus trabalhadores, que parece ser a tendência geral.

Métodos combinados

Dentro dos métodos tradicionais, é comum a utilização de combinação entre os métodos. Durante a apreciação do método de pesquisa de campo, vimos, por exemplo, a aplicação de possibilidade de adoção da escala gráfica para a avaliação inicial do desempenho do funcionário, na primeira fase do processo. Outras combinações possíveis são entre a escala gráfica com atribuição de graus, escala gráfica com escolha forçada e escala gráfica com objetivos. A título de exemplo, o quadro 22 apresenta um modelo que combina a escala gráfica com a atribuição de graus. A escala gráfica com objetivos normalmente é utilizada para a transição entre um método tradicional e um método mais moderno, conforme será verificado mais adiante. A utilização do método de avaliação de atividades com objetivos pode, também, representar uma boa opção para transição.

Quadro 22
Combinação de Escala Gráfica com Graus

Nome do Avaliado:	
Cargo:	
Data de Admissão:	Tempo no Cargo:
Assinale o indicador de desempenho correspondente a cada fator de desempenho em análise: 4 — Excepcional 3 — Bom 2 — Regular 1 — Fraco	
Atenção e qualidade no trabalho Cuidado, atenção e esmero com os quais o funcionário desempenha seu trabalho.	☐
Atitude no trabalho Forma de agir em qualquer circunstância de trabalho.	☐
Interesse pelo trabalho Vontade, esforço pessoal em aperfeiçoar-se e a forma como age no trabalho.	☐
Relacionamento Forma de se relacionar com colegas e líderes.	☐
Colaboração com o grupo Cooperação na execução dos trabalhos e na troca de experiência com o grupo.	☐
Avaliação Global (Média dos Pontos)	☐

Procuramos apresentar, neste capítulo, a evolução dos métodos clássicos de avaliação de desempenho, à exceção da Avaliação Por Objetivos que é narrado no próximo capítulo. Muitos desses métodos, embora ultrapassados, continuaram a ser aplicados por organizações como forma contínua de avaliação e acompanhamento de desempenho. Importante ressaltar, que como método contínuo de avaliação e acompanhamento de desempenho, esses métodos requerem multiplicidade de cuidados com suas aplicações, principalmente, pela subjetividade e por não terem nenhuma relação direta com a busca de resultados concretos nas organizações e, ainda, pela orientação sempre voltada ao passado, "que é como dirigir um carro olhando pelo espelho retrovisor".[17] No entanto, para avaliações pontuais, não como forma contínua, esses métodos podem ser utilizados sem muita preocupação, como exemplo a avaliação de pessoas contratadas em períodos de experiência. Como se tratam de períodos curtos, trinta a noventa dias, um método tradicional, pode ser utilizado com questões que verifiquem o desempenho de fatores importantes para a empresa durante esse período. Embora seja a avaliação, referente a um curto período, é conveniente lembrar que essa avaliação de desempenho sofre, também as mesmas propensões por parte dos avaliadores, dada a subjetividade dos fatores de avaliação (halo, tendência central, complacência ou rigor, preconceito pessoal e recentidade) narrados anteriormente. Como exemplo de aplicação pontual de um desses métodos, o quadro 23 traz um modelo de avaliação de período de experiência através da escala gráfica.

Quadro 23

Modelo de Avaliação de Período de Experiência

FUNCIONÁRIO:	
CARGO:	UNIDADE:
ADMISSÃO: __/__/__	TÉRMINO DO PERÍODO DE EXPERIÊNCIA: __/__/__
DEVOLUÇÃO ATÉ: __/__/__	
GERENTE RESPONSÁVEL PELA AVALIAÇÃO:	
Assinale a frase que melhor descreva o comportamento do funcionário, durante o período de experiência, em cada fator analisado. **É obrigatória a devolução desta ficha devidamente preenchida, até a data-limite acima especificada, à Unidade de Recursos Humanos para as providências de efetivação, prorrogação do período de experiência ou desligamento do funcionário.**	
Assimilação do trabalho e interesse:	
☐ Assimila o trabalho com extrema facilidade. Demonstra entusiasmo e valoriza o trabalho que faz. ☐ Exige cuidados especiais, aprendendo com certa dificuldade, mas demonstrando interesse pelo trabalho. ☐ Exige cuidados especiais, aprendendo com certa dificuldade e não demonstrando muito interesse pelo trabalho. ☐ Não é capaz de desenvolver o processo e demonstra desinteresse.	
Quantidade e qualidade do trabalho produzido:	
☐ Apresenta quantidade e qualidade de trabalho acima do exigido. ☐ Apresenta quantidade e qualidade normal de trabalho.	

(17) WERTHER, Jr.; WILLIAM B. e DAVIS, Keith. *Administração de Pessoal e Recursos Humanos.* São Paulo: McGraw-Hill, 1983.

Quadro 23 (Continuação)

- ☐ Está abaixo das quantidades normais e a qualidade deixa a desejar. Tem condições de atingir os padrões desejados, dentro de pouco tempo.
- ☐ Não consegue atingir os limites aceitáveis de quantidade e qualidade do trabalho.

Iniciativa:

- ☐ Resolve sozinho os problemas.
- ☐ Resolve sozinho a maior parte dos problemas, recorrendo ao líder somente para solução dos de maior complexidade.
- ☐ Tem pouca iniciativa, necessitando de orientação constante.
- ☐ Não tem iniciativa, extremamente dependente do líder.

Relacionamento:

- ☐ Apresenta grande facilidade no relacionamento com os membros da equipe.
- ☐ Apresenta relacionamento normal com os membros da equipe.
- ☐ Às vezes, deixa a desejar no relacionamento com os membros da equipe.
- ☐ Cria problemas de relacionamento com os membros da equipe.

Disciplina:

- ☐ Apresenta comportamento exemplar, perante as normas da empresa.
- ☐ Apresenta comportamento normal.
- ☐ Deixa a desejar em relação a algumas normas da empresa.
- ☐ Demonstra indisciplina.

Zelo por materiais e equipamentos:

- ☐ Comportamento excepcional quanto ao zelo por materiais e equipamentos.
- ☐ Comportamento normal quanto ao zelo por materiais e equipamentos.
- ☐ Às vezes, precisa ser advertido quanto ao zelo por materiais e equipamentos.
- ☐ Não zela pela conservação dos materiais e equipamentos.

Pontualidade:

- ☐ É extremamente pontual.
- ☐ Raramente chega atrasado ao trabalho.
- ☐ Chega constantemente atrasado ao trabalho.

Assiduidade:

- ☐ Não falta ao trabalho.
- ☐ Falta algumas vezes ao trabalho, justificando sua ausência.
- ☐ Falta ao trabalho, sem justificar sua ausência.

Quadro 23 (Continuação)

Decisão:	
☐ **Efetivar o funcionário.** ☐ **Prorrogar o período de experiência.** ☐ **Desligar o funcionário.**	
Observações:	
Assinatura: ______________________	**Data:** ___/___/___

Perguntas para revisão e discussão

1. Faça uma análise crítica dos métodos tradicionais de avaliação de desempenho.
2. Como poderia ser desenvolvido o treinamento dos líderes, para tentar neutralizar os efeitos subjetivos dos métodos de avaliação tradicionais?
3. Como poderia ser efetuado um guia de avaliação, para neutralizar os efeitos das propensões do avaliador nos métodos tradicionais?
4. No que consiste o método de incidente crítico, e quais suas principais vantagens em relação aos métodos tradicionais de avaliação de desempenho?
5. Por que o método de avaliação pesquisa de campo é considerado como de transição?
6. Quais os principais aspectos positivos do método de pesquisa de campo?
7. Quais as vantagens do método de avaliação de atividades?
8. Após a leitura do capítulo seguinte, faça uma comparação entre o método de avaliação de atividades e o por objetivos.

Exercícios

1. Tomando-se a descrição de cargos apresentada abaixo, estabeleça os padrões de desempenho para cada atividade prevista, de forma que se possa avaliar aspectos voltados à qualidade, quantidade ou de prazos. Estabeleça a ponderação (peso 100%) para cada tarefa, em relação à importância relativa de cada uma delas.

Analista de recursos humanos

- Diagnosticar necessidades de treinamento para planejar programas de treinamento, adaptação, formação e aperfeiçoamento de pessoal (definição de objetivos, cronogramas, custos, instrutores, instrumento de avaliação, critério de participação, recursos físicos e materiais).
  - Aplicar e avaliar os programas de treinamentos.
  - Elaborar projeto de avaliação de desempenho.
  - Coordenar e analisar processo de transferência de funcionários.
  - Coordenar e analisar processo de promoções de funcionários.
  - Acompanhar o processo de adaptação de funcionários em novos postos de trabalho.
  - Recrutar e selecionar pessoal, aplicando as técnicas devidas.
  - Efetuar análises de cargos.
  - Elaborar pesquisas salariais.

2. Elabore um instrumento de avaliação de desempenho por meio do método de escala gráfica, contendo os fatores descritos abaixo e com quatro indicadores de desempenho: A — desempenho excepcional, B — desempenho bom, C — desempenho regular e D — desempenho ruim.
   - Administração do tempo;
   - Comunicação;
   - Relacionamento;
   - Decisões;
   - Liderança;
   - Postura profissional;
   - Planejamento;
   - Cumprimento de metas.

3. Observando um colega de trabalho, descreva incidentes críticos (positivos ou negativos) ocorridos em relação aos seguintes fatores:
   - cooperação;
   - relacionamento;
   - tomada de decisão;
   - soluções em caso de problemas.

4. Em uma certa unidade de uma Companhia, o líder fez as seguintes avaliações de seus três colaboradores, utilizando os fatores e indicadores de desempenho, conforme mostrado no quadro a seguir, utilizando o método da escala gráfica:

Fatores:	**Funcionário A**	**Funcionário B**	**Funcionário C**
Criatividade	4	3	1
Iniciativa	4	3	1
Empenho na Resolução de Problemas	4	3	1
Pontualidade	4	3	1
Relações com Colegas de Trabalho	3	3	3
Relações com Clientes	3	3	3
Indicadores: 1- Abaixo das expectativas 2- Corresponde em parte às expectativas 3- Corresponde às expectativas 4- Excede às expectativas			

Para evitar comparações posteriores de números de indicadores entre os funcionários da equipe, e com isso perder o foco da avaliação, estabeleceu como estratégia ser mais geral na retroinformação a cada funcionário de sua equipe e permitir que cada um repensasse em seus comportamentos no trabalho e centrasse suas ações de automelhorias. Pensou em fornecer um *feedback* específico a cada funcionário de sua equipe.

Para o funcionário A

Sua avaliação de desempenho referente ao semestre anterior é ótima.

A criatividade, iniciativa, empenho na resolução de problemas, e pontualidade, foram os fatores ressaltados. Dessa forma, pelo que pudemos observar, você deve continuar sua jornada, mantendo ou melhorando ainda mais seu desempenho.

Há só mais um detalhe adicional sobre seu desempenho. Cuide um pouco mais das relações com colegas de trabalho e clientes. Um esforço adicional nesse item irá contribuir, ainda mais com seu brilhante desempenho.

Para o funcionário B

Sua avaliação de desempenho referente ao semestre anterior é boa.

Em todos os fatores, criatividade, iniciativa, empenho na resolução de problemas, relacionamento com colegas e clientes e pontualidade, não encontramos aspectos extremos nem positivos, nem negativos, que resultou na avaliação acima.

É dever do profissional a cada dia buscar melhorias contínuas, para alcance de um desempenho de excelência, que será ótimo para você e para a empresa. Que tal melhorar mais o que realmente já é bom?

Para o funcionário C

Sua avaliação de desempenho referente ao semestre anterior não é muito boa.

A decisão na sua manutenção na unidade deve-se ao seu bom humor e à forma positiva nas relações com seus colegas e clientes. No mais, a criatividade, iniciativa, empenho na resolução de problemas, e pontualidade, entre outros aspectos têm sido um verdadeiro desastre.

Dessa forma, pelo que pudemos observar, você, para continuar sua jornada nesta equipe, deve melhorar muito seu desempenho.

Há só mais um detalhe adicional, vamos observar os seus comportamentos neste semestre, com muita atenção!

a. Qual a sua opinião em termos da contribuição dessa forma de avaliação e retroinformação para o desempenho da empresa e do colaborador?

b. Poderia ser melhorado o processo de avaliação e retroinformação? Por que?

5. Escolha um dos métodos apresentados no capítulo e desenvolva um projeto de avaliação de desempenho, contendo:

Sumário da metodologia proposta.

Público-alvo.

Instrumento(s) a ser(em) aplicado(s).

Programa de treinamento a ser desenvolvido para os líderes e avaliados.

Etapas para implantação.

Cronograma para implantação.

Custo estimado para implantação.

Vantagens para a empresa com a aplicação da proposta.

CAPÍTULO 4

A AVALIAÇÃO DE DESEMPENHO POR OBJETIVOS

"Somos um passado? Sim ...
Somos um futuro? Sim ...
... somos também um potencial.
Mas, a fim de desenvolver esse potencial,
vamos livrar-nos do ser autodestruidor."

Leo Buscaglia

Objetivos do capítulo

- **Descrever o que são objetivos.**
- **Descrever o processo de Administração Por Objetivos — APO.**
- **Explicar a metodologia da avaliação por objetivos.**
- **Verificar a influência dos estilos de liderança, durante o processo da avaliação de desempenho por objetivos.**
- **Averiguar os aspectos de motivação envolvidos no processo de avaliação de desempenho por objetivos.**
- **Verificar as influências da cultura organizacional na avaliação de desempenho por objetivos.**
- **Efetuar análise comparativa entre a metodologia tradicional de avaliação e a por objetivos.**
- **Apresentar o roteiro para implantação da avaliação por objetivos.**

O rompimento com a avaliação tradicional

A partir de 1954, com a obra "The Practice of Management", de *Peter Drucker*, tornou-se popular um novo método de avaliar o trabalho das pessoas nas empresas: a Administração Por Objetivos — APO. A partir daí, nunca um assunto despertou tanto interesse por parte dos escritores, no campo da administração. Por ser uma técnica mais moderna, principalmente por se preocupar com o futuro e ser objetiva, essa técnica revolucionou a disciplina de administração e, em particular, a da avaliação de desempenho. Apesar de conter alguns pontos negativos, entre eles o de enfatizar os aspectos do indivíduo e não da equipe, os seus pontos positivos, sem dúvida, superam os negativos, entre eles o de propiciar melhorias, de fato, das empresas, quando de sua correta aplicação.

O método mais avançado, conforme veremos adiante, na realidade, advém da Administração Por Objetivos, sendo por isso importante o seu estudo detalhado.

Objetivos

Na APO os objetivos são definidos como os alvos que os indivíduos ou as organizações procuram alcançar em determinado período. Portanto, os objetivos podem ser individuais, departamentais ou organizacionais. Quando as organizações, os departamentos e as pessoas têm objetivos definidos, estes contribuem para o aumento da produtividade, qualidade dos produtos e serviços da empresa e, por outro lado, aumentam a motivação e o poder de realização dos indivíduos no trabalho.

Nem todo enunciado é um objetivo; por exemplo, "queremos que a nossa organização produza o melhor produto ou serviço do mercado" ou "queremos ser a melhor unidade da empresa" ou, ainda, "quero ser o melhor aluno da universidade" expressam desejos e, no máximo, os dois primeiros, intenções estratégicas, mas não objetivos. Para que um enunciado possa de fato ser um objetivo "é necessário ser específico e realista, para que os alvos possam ser verificados, com data-limite para atingir, e ainda inclua metas intermediárias".[18]

Desejos não melhoram desempenhos. No dia-a-dia dos pais, as crianças vivem prometendo não fazer mais "malcriações", ou arrumar os seus quartos, e essas promessas nem sempre são realizadas e acabam, os pais, também, não cobrando de seus filhos os enunciados combinados, não propiciando melhorias desses desempenhos. Para que, de fato, esses enunciados se transformem em objetivos, apesar de serem específicos e realistas, são necessários o estabelecimento de data-limite para o início do processo combinado, o comprometimento dos pais e dos filhos em relação ao combinado e o acompanhamento diário. O mesmo acontece numa empresa. Se uma empresa não tem qualidade naquilo que faz, nada adiantará um enunciado do tipo narrado, "queremos que a nossa organização produza o melhor produto ou serviço do mercado", se não houver comprometimento de todos, da alta direção ao funcionário que executa o trabalho mais simples, em relação à qualidade, para eliminar todos os processos deficientes. E só comprometimento também não é o bastante: é necessário acompanhamento diário do progresso. Caso contrário será, como dissemos, mero desejo. Se escrito, só irá servir de enfeite em algum quadro de aviso ou para encher arquivos de papelada inútil.

Os objetivos na empresa são hierarquizados e iniciam-se pelos objetivos estratégicos e, com base nestes, são definidos os departamentais e, após, os objetivos individuais, conforme mostrado no quadro 1. Os objetivos estratégicos são os enunciados mais importantes da organização, uma vez que definem os rumos do negócio e

---

(18) HAMPTON, David R. *Administração Contemporânea*, 2ª ed. São Paulo: McGraw-Hill, 1983.

sem eles torna-se impossível a definição dos demais objetivos da rede e a aplicação da APO. A construção dos objetivos em forma de hierarquia é importante, também, pelo ângulo da consecução, uma vez que os objetivos individuais contribuem para o alcance dos objetivos departamentais e estes com os estratégicos.

Existem duas formas de estabelecimento de objetivos para os indivíduos: a diretiva e a participativa. Através da forma diretiva, o líder impõe ao funcionário quais serão seus objetivos, sem qualquer negociação, como no diálogo a seguir:

Líder: Jonas, quero que você elabore o programa "w", até o final desta semana.

Jonas: Mas, justamente nesta semana, estou terminando o programa "n", que é muito importante para nossa Companhia.

Líder: Jonas, não estou discutindo o que você deve ou não fazer, e, portanto, eu quero a conclusão do programa "w".

Jonas: Você sabe que os resultados dessa forma não serão positivos, se não terminarmos o programa "n" antes da conclusão do programa "w". Posso terminar o programa "w" no final da próxima semana.

Líder: Eu quero o programa "w" até o final desta semana e ponto final. Se não o fizer peça sua demissão.

Quadro 1

Hierarquia dos Objetivos

No diálogo narrado, podemos perceber que o líder não permitiu e não considerou as opiniões do funcionário de sua equipe. Sem qualquer participação do funcionário na negociação do objetivo, caso este aceite, o objetivo é do líder e não do funcionário, e não haverá qualquer comprometimento e motivação do Jonas em relação à consecução do programa "w". É, sem sombra de dúvida, a pior forma de estabelecimento de objetivos.

Na forma participativa, o funcionário e o seu líder formulam em conjunto os objetivos a serem cumpridos, levando-se em conta os objetivos departamentais e estratégicos. Esta última forma de definição de objetivos é a enunciada pela APO. A forma participativa de estabelecimento de objetivos deve levar a maior motivação e empenho, por parte dos indivíduos, na sua consecução.

Os objetivos devem ser audaciosos, mas no tamanho que seja possível seu cumprimento, e nunca devem ser formulados de forma estreita, que, de tão fácil, acabe por não constituir motivação para sua realização. Quando a formulação dos objetivos não é do tamanho exato, o que ocorre, na realidade, é que os objetivos departamentais acabam por não ser atingidos, levando a conseqüências desastrosas na consecução dos estratégicos.

Administração Por Objetivos — APO

Dentre as várias definições da APO, *George Odiorne* define como o "processo de Administração através do qual o supervisor e o subordinado, operando sob uma definição clara das metas e prioridades comuns da organização, estabelecidas pela administração de cúpula, identificam, em conjunto, as principais áreas de responsabilidade do indivíduo, em termos do resultado que se espera dele, e usam essas medidas como guias para operar a unidade e avaliar as contribuições de cada um de seus membros".(19)

A APO é uma forma participativa e tem como princípio básico a ênfase do funcionário, no momento de definição dos objetivos, dentro do contexto dos objetivos a serem atingidos pela unidade e pela empresa. Os objetivos de cada indivíduo devem estar entrelaçados, de forma que os objetivos da unidade sejam atingidos. Da mesma forma, os objetivos das unidades também devem ser entrelaçados para permitir a realização dos objetivos estratégicos.

---

(19) ODIORNE, G. S. *Management by Objectives.* New York: Pitman, 1965.

O pressuposto da APO é que, definidos os objetivos de cada indivíduo, estes empenhar-se-ão para atingi-los, não necessitando de supervisão estreita. Esse pressuposto segue o princípio de que as pessoas são maduras e competentes para a realização dos processos pelos quais se comprometeram.

A APO foi largamente empregada por muitas organizações, e, quando bem implantada, resultou em benefícios como:

- trabalho participativo;
- melhoria do planejamento na empresa, de forma geral;
- definição de objetivos e, conseqüentemente, dos processos de trabalho mais bem entendidos pelos indivíduos;
- maior motivação dos funcionários, uma vez que o método desperta interesse de participação, auto-realização e reconhecimento; e
- avaliação do desempenho com base em resultados das reavaliações, sendo portanto objetiva.

A APO, no entanto, principalmente quando mal implantada, gerou, também, alguns inconvenientes, como:

- combinação de objetivos incompatíveis com a capacidade (potencial) de realização da pessoa, levando à não-realização do acordado;
- efeito negativo no clima, quando os gerentes impuseram objetivos aos membros de suas equipes, esquecendo o princípio fundamental de que o processo é participativo;
- dificuldades em abandonar objetivos que não deveriam ser mais perseguidos, quando de mudanças significativas de rumos nas empresas; e
- trabalho burocrático aumentado, quando o mais importante, na ótica gerencial, era o preenchimento de formulários, para definição dos objetivos e acompanhamento, do que em relação ao processo em si.

Durante os anos de 1984 e 1985, época em que o método foi bastante difundido em nosso país, para que pudéssemos constatar a forma na condução de programas de definição de objetivos nas organizações, realizamos por três semestres consecutivos, através da FAAP — Fundação Armando Álvares Penteado, uma pesquisa sobre o assunto. Foram desenvolvidas entrevistas, estruturadas por alunos da cadeira "Teoria Geral de Administração", com executivos de empresas industriais brasileiras e multinacionais e prestadoras de serviços de grande porte. O nosso principal interesse era conhecer a forma de estabelecimento dos objetivos e as principais repercussões nas organizações. Através desse trabalho, chegamos às seguintes conclusões mais relevantes:

- a grande maioria das empresas que se utilizavam da metodologia da APO eram multinacionais;
- nas empresas em que se utilizava a metodologia da APO, constatava-se maior nível de motivação e produtividade dos funcionários, havendo maior comprometimento deste em relação aos objetivos da empresa. Havia um trabalho mais participativo. E o planejamento e o controle eram mais eficazes.

Os principais problemas foram também levantados, e as conclusões foram as seguintes:

- um pouco de resistência, por parte dos funcionários mais antigos de casa, em relação ao método;
- excesso de burocracia; e,
- perseguição rígida de objetivos que deveriam ser abandonados.

Ainda em relação à pesquisa, constatamos que, quando as empresas não se utilizavam de alguma forma de APO, eram comuns as queixas, quanto ao comprometimento e à produtividade do pessoal. A nossa conclusão geral sobre a pesquisa foi a de que era melhor a aplicação de alguma forma da APO do que não utilizar nenhuma.

O conceito da avaliação por objetivos

A avaliação por objetivos é um método integrante da concepção da administração por objetivos e que procura o comprometimento das pessoas em relação aos objetivos organizacionais, por meio de um processo participativo, motivador, e que torne o ambiente de trabalho mais agradável, comunicativo e produtivo. A motivação decorre do fato de as pessoas, durante o processo, serem ouvidas, reconhecidas e acatadas. Leva, também, à auto-realização dos indivíduos. A participação no trabalho e o entendimento dos objetivos da empresa, por sua vez, são fatores importantes na integração das pessoas nas organizações.

O processo de avaliação por objetivos inicia-se pelo acordo, entre o líder e o funcionário, em relação aos objetivos a serem atingidos pelo funcionário, por um período de tempo que normalmente é de um ano. Esse acordo dá-se através de uma reunião formal, planejada com antecedência e calcada nos objetivos definidos para a unidade e a empresa. Supõe-se que, como os objetivos foram discutidos, acordados e plenamente entendidos, deverá haver, por parte do funcionário, maior empenho para atingi-los dentro dos prazos predeterminados. Uma vez acordados os objetivos, o funcionário e seu líder planejam, também de comum acordo, as ações para a consecução desses objetivos. Muitas pessoas acreditam que somente isso é suficiente, chegando a aplicação da metodologia ao seu limite, daí o processo começa a emperrar. É necessário utilizar um estilo de liderança, por parte do gerente, coerente com a capacidade do funcionário em relação aos objetivos acordados, conforme veremos adiante.

Combinados os objetivos e os estilos de liderança, devem ser também acordados os padrões de desempenho desejados, ou seja, com que qualidade ou quantidade os objetivos devem ser realizados. Assim, também, deve ser analisada a necessidade de treinamento para que o funcionário possa cumprir com os objetivos acordados.

O estilo de liderança adequado

Durante a fase de combinação dos objetivos, deve ser escolhido o estilo adequado de liderança a ser adotado pelo gerente em relação ao funcionário, para atingir cada um dos objetivos acordados. É importante ressaltar que se houver, por exemplo, quatro objetivos combinados, o estilo de liderança a ser adotado pelo gerente pode ser diferente para cada um dos objetivos. Conforme *Hersey* e *Blanchard*, "um golfista, com a ajuda de seu 'caddir', escolhe um taco em função de sua situação no percurso; os administradores, com a ajuda de seus subordinados, deveriam escolher o estilo de liderança a ser utilizado, de acordo com os objetivos e as necessidades do subordinado".[20]

Os autores fazem referência à aplicação da teoria de liderança situacional, também conhecida como teoria de ciclo vital de liderança, que mais combina com o método de avaliação por objetivos. Aliás, sem a aplicação correta da liderança situacional, haverá pouca possibilidade de sucesso do programa, uma vez que o líder poderá ter a tendência de sempre deixar por conta do subordinado a consecução do objetivo, sem fornecer o apoio necessário, quando a capacitação do funcionário for menor do que a requerida para a realização do objetivo.

---

(20) HERSEY, Paul e BLANCHARD, Kenneth. *O que está faltando à APO?* Management Review, outubro/1974.

A teoria de liderança situacional pressupõe a adoção de quatro estilos que combinam orientação voltada à tarefa e orientação voltada a relações e que norteiam o comportamento do gerente, em relação a cada atividade que o funcionário deverá realizar, conforme mostrado no quadro 2.

Quadro 2
Estilos de Liderança conforme a Teoria de Liderança Situacional

ESTILO	AÇÃO	COMPORTAMENTO DO LÍDER
E1 — Estilo 1	Dirigir	Muita ênfase em tarefa e pouca em relações.
E2 — Estilo 2	Treinar	Muita ênfase em tarefa e em relações.
E3 — Estilo 3	Compartilhar	Pouca ênfase em tarefa e muita em relações.
E4 — Estilo 4	Delegar	Pouca ênfase em tarefa e em relações.

Cada um dos estilos está associado à capacidade do funcionário para a realização da tarefa. Quando a capacidade do funcionário é menor em relação à tarefa que deverá realizar, será necessário do líder maior estruturação do trabalho (ênfase em tarefa) e à medida que é aumentada a sua capacidade, sempre em relação ao trabalho a ser realizado, exigirá do líder maior apoio socioemocional (ênfase em relações) e menor estruturação do trabalho, até que, quando a capacidade do funcionário é tamanha, é chegada a hora da delegação, uma vez que a pessoa não necessita mais de nenhum tipo de apoio, tanto de estruturação de tarefa quanto socioemocional, por parte do líder.(21) A teoria de liderança situacional pressupõe, ainda, que, para a escolha do estilo adequado de liderança, deve ser verificada também a disposição e o entusiasmo do funcionário em relação à execução da tarefa a ser desempenhada. Limitamos a nossa análise somente à competência, uma vez que estamos verificando a teoria somente com fins de aplicação ao método de avaliação por objetivos, e pressupomos que o método leva, naturalmente, o funcionário a ter o desejo de alcançar um objetivo combinado, não fazen-

(21) N. A. Para estudo mais aprofundado da teoria de liderança situacional, consulte: HERSEY, Paul; e BLANCHARD, Kenneth, *Psicologia para Administradores — a Teoria e as Técnicas de Liderança Situacional.* São Paulo: E.P.U., 1986, ou versão simplificada, BLANCHARD, Kenneth; ZIGARMI, Patrícia e ZIGARMI, Dréa. *Liderança e Gerente Minuto.* Rio de Janeiro: Record, 1986.

do sentido o estudo dessa outra variável, quando uma metodologia dessa natureza é utilizada por uma organização.

Aplicando a teoria de liderança situacional ao método de avaliação por objetivos, o líder e o funcionário devem acordar em que situação de capacidade deve ser enquadrado o funcionário em relação a cada um dos objetivos, para determinação do estilo adequado de liderança. Caso o funcionário, por exemplo, tenha experiência em relação a um dos objetivos combinados, o estilo 4 — delegar — deve ser o escolhido, deixando o funcionário agir livremente durante a execução do trabalho, tendo o líder a responsabilidade de acompanhar os resultados. No caso de o funcionário não ter a devida experiência em certo objetivo, deve ser acordado um estilo de liderança no qual o líder deva ensinar e acompanhar as fases do trabalho — estilo 1 — dirigir. No caso de experiências intermediárias, os estilos adequados devem ser o estilo 2 — treinar — e o estilo 3 — compartilhar. Assim, como o estilo de liderança a ser adotado é variável em relação a cada indivíduo da equipe e em relação a cada objetivo a ser atingido pela pessoa, esse mesmo estilo pode variar ao longo do período, caso se perceba aumento de experiência do funcionário em relação às atividades executadas, ou erros de percepção inicial na combinação de um estilo. O quadro 3 apresenta o estilo de liderança apropriado a cada situação de competência da pessoa em relação ao objetivo.

A parte A do quadro mostra os estilos de liderança, segundo os preceitos da liderança situacional e, a parte B, a experiência ou a competência do funcionário para a consecução do objetivo acordado. O desenho procura mostrar que o estilo 1 — dirigir — combina melhor quando o funcionário tem baixa competência em relação ao objetivo acordado; o estilo 2 — treinar — combina com razoável competência; o estilo 3 — compartilhar — combina com boa competência; e, finalmente, o estilo 4 — delegar — combina com alta competência.

Acompanhamento do processo

Durante o período de realização dos trabalhos, para atingir os objetivos combinados, o líder deve realizar reuniões periódicas com o funcionário para a verificação do progresso efetuado. Se existirem desvios negativos, em relação ao desempenho esperado, o papel do líder é aconselhar, orientar ou reformular o planejamento do trabalho, ou trocar o estilo de liderança, com vistas à consecução dos resultados esperados. Caso a situação seja positiva, o líder deve reforçar positivamente o funcionário para que este continue com o mesmo desempenho. Dessa forma, o papel do líder, durante todo o processo, é o de conselheiro, sempre disposto a aconselhar, orientar, ajudar e reforçar comportamentos.

Quadro 3

Escolha do Estilo de Liderança para Acompanhamento do Funcionário durante a Consecução dos Objetivos Combinados

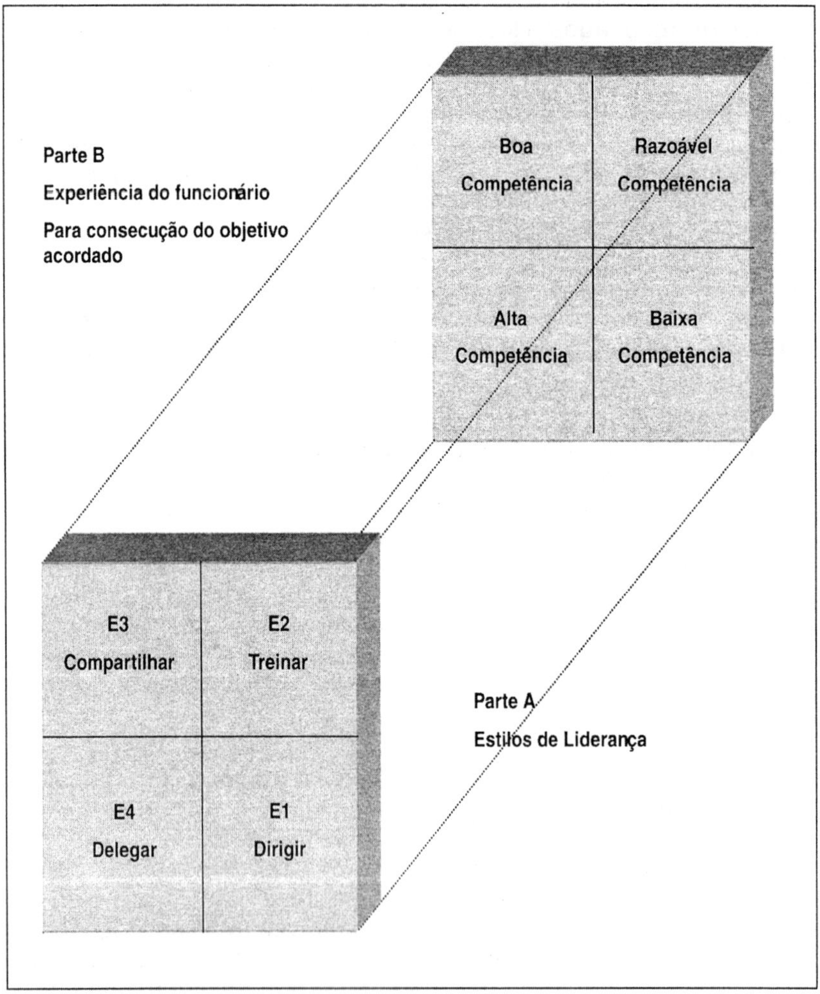

Também o funcionário deve ter a predisposição em mudar seu desempenho, quando os fatos demonstrarem que o caminho não está bom. Assim, tanto o líder quanto o funcionário, durante todo o processo, devem ter comportamentos destinados a superar os obstáculos, para que os objetivos sejam atingidos. Todas as ocorrências, durante essa fase, devem ser anotadas numa "ficha de acompanhamento de objetivos", que será útil durante a fase final do processo — a avaliação. Se o período de avaliação for definido como de um ano, são realizadas, pelo menos, quatro reuniões trimestrais para acompanhamento formal do desempenho, sendo que a última coincidirá com o processo da avaliação final.

O processo de acompanhamento culmina com a avaliação final, que se constitui numa reunião formal para a discussão do desempenho do funcionário durante o período. Nessa reunião, devem ser discutidos, além dos resultados conseguidos, os esforços e os fatos que contribuíram para o alcance dos objetivos. Também nessa reunião, são discutidos e acordados os novos objetivos para o próximo período de avaliação e os planos para desenvolvimento do funcionário. A avaliação final não deve levar em conta somente o alcance ou não dos objetivos acordados. É necessário efetuar uma análise dos problemas enfrentados pelo funcionário, do contexto geral da empresa e da sucessão de fatos que contribuíram para o alcance dos objetivos ou dificultaram sua plena realização.

A avaliação por objetivos passo a passo

Como dissemos, a avaliação por objetivos deve estar inserida dentro do contexto estratégico da empresa. O primeiro passo do método é o fornecimento desse contexto pelo líder da unidade a que pertence o funcionário. À guisa de exemplo, o contexto fornecido pelo líder é:

- Intenção da empresa em implantar um novo programa de desenvolvimento e valorização das pessoas na empresa.

Levando-se em conta o contexto fornecido, o líder e o funcionário acordam um objetivo que atenda ao enunciado, como, por exemplo:

- Implantar um programa de avaliação de desempenho por objetivos, para todas as unidades da empresa, até dezembro do ano "n".

Em seguida é estabelecido um planejamento do objetivo, em que são definidas as metas intermediárias, que poderiam ser as seguintes:

- Explicar, em reunião com todos os líderes da empresa, a metodologia de avaliação por objetivos, coletando suas sugestões para incorporação ao modelo a ser adotado, até fevereiro do ano “n”.
- Elaborar o programa, incluindo as sugestões apresentadas pelos líderes, até março do ano “n”.
- Elaborar os instrumentos do programa, até abril do ano “n”.
- Efetuar reunião com os líderes para apresentação final do programa, até maio do ano “n”.
- Elaborar programa de treinamento sobre a metodologia para os líderes da empresa, até junho do ano “n”.
- Treinar todos os líderes da empresa no programa, até setembro do ano “n”.
- Explicar aos funcionários da empresa a nova metodologia de avaliação de desempenho, por meio de reuniões, até novembro do ano “n”.
- Introduzir o programa na empresa, até dezembro do ano “n”.

Combinado o planejamento do trabalho, é discutido o estilo de liderança a ser adotado pelo líder para acompanhamento das fases do trabalho. Supondo, para efeito de nosso exercício, que o funcionário tenha razoável experiência sobre o assunto, mas que ainda necessita de grande apoio do líder, o estilo escolhido deveria ser:

- Estilo de Liderança E2 — Treinar.

O próximo passo é escolher o padrão de desempenho para a avaliação do objetivo, como, por exemplo:

- Conseguir uma nota de satisfação dos funcionários, mínimo de 7, com o programa apresentado, obtida através de pesquisa, durante as reuniões para explicação da metodologia.

O líder e o funcionário avaliam a necessidade de treinamento anterior ao início ou durante o processo, e chegam a um acordo de que a empresa contratará um consultor externo, para acompanhar o funcionário em fases específicas do trabalho, no limite de 30 horas, e, ainda, irá subvencionar um treinamento sobre o assunto:

- Curso externo específico sobre as técnicas de avaliação.

Negociadas todas as questões relevantes, inicia-se o processo para cumprimento do objetivo. Durante essa fase, o líder acompanha o trabalho, sempre efetuando a comparação entre o desempenho previsto e o real. Se o desempenho estiver negativo, o líder deve agir rápido, tomando as providências para a melhoria da situação. Se a situação estiver positiva, não devem ser esquecidos os elogios. O líder deve anotar, na ficha de acompanhamento, os principais fatos ocorridos durante o período.

A última fase é a avaliação final do desempenho do período. Na discussão sobre o desempenho ocorrido, devem ser lembrados os fatos importantes que contribuíram para o sucesso ou o fracasso. Nessa reunião inicia-se novo processo para o período seguinte. O quadro 4 apresenta uma sinopse dos passos do programa.

Quadro 4

Esquema da Avaliação por Objetivos

CONTEXTO	ACORDO ENTRE LÍDER E FUNCIONÁRIO	ACOMPANHAMENTO		AVALIAÇÃO FINAL
Fornecimento do contexto pelo Líder.	• Objetivos. • Estilo de liderança. • Padrões de desempenho. • Treinamento e desenvolvimento.	Comparação entre desempenho acordado e real.	Situação negativa: correção de desvios. Situação positiva: elogios.	Avaliação do desempenho do funcionário. Planejamento dos objetivos para o próximo período.

Conforme pode ser percebido pelo processo, a metodologia pressupõe relações muito positivas entre o líder e o funcionário. Essas relações devem ser de confiança mútua, comunicação clara e construtiva, unidos com a mesma finalidade de alcançar resultados mais positivos em cada período. Periodicamente, devem ser avaliados os progressos e os problemas, discutindo-se abertamente as melhores soluções.

Dentro de uma linha de avaliação individual, apesar do maior problema, que é o fator tempo despendido, a avaliação de desempenho por objetivos cumpre com seu papel principal, que é tornar claras as missões esperadas pelo funcionário e levar a um processo real de desenvolvimento da empresa e de seus funcionários.

A motivação

Nas organizações, devemos lembrar o quanto é importante a realização das necessidades individuais e o quanto é importante ajudar as pessoas nesse processo, uma vez que a motivação delas depende e muito da possibilidade do alcance dessas necessidades por meio do trabalho. Nesse ponto entra a importância de uma metodologia eficaz de avaliação de desempenho, que ajude no crescimento das pessoas no trabalho. Definindo objetivos claros e audaciosos, valorizando qualidades, detectando potencialidades, definindo processos de treinamento, facilitando o relacionamento pessoal, buscando confiança mútua líder/funcionário, perseguindo os objetivos empresariais, mas compatibilizando-os com os objetivos pessoais, que são premissas do método de avaliação por objetivos, deve ajudar a aumentar a motivação das pessoas, de forma geral, no trabalho. As pessoas desempenham melhor suas funções quando é conhecido o que se espera delas e o que elas podem esperar da empresa. A metodologia de avaliação de desempenho, dentro de um conceito objetivo, ajuda na primeira parte da questão: o que se espera delas. Outros instrumentos de recursos humanos devem ser considerados para responder a segunda parte da questão: o que podem esperar da empresa. Por isso, à avaliação de desempenho devem, necessariamente, estar integrados outros instrumentos de gestão de pessoal. O papel do líder no processo, como vimos, é relevante, e, para ajudar na motivação das pessoas, o comportamento esperado é de educador, o que pressupõe comportamento orientado para o desenvolvimento de sua equipe de trabalho.

As pessoas são levadas a assumir determinados tipos de comportamento através da motivação. *A motivação é o impulso que leva o ser humano a agir.* Baseia-se em necessidades insatisfeitas, objetivos não alcançados. Cada ser humano tem diferentes tipos de necessidades, de acordo com seus padrões e valores, que variam conforme as situações experimentadas ou são influenciadas pelo ambiente de convívio. Apesar de variarem de pessoa para pessoa, normalmente as necessidades tendem a seguir uma escala.

Para entendermos o processo de motivação, é interessante verificar a teoria da hierarquia das necessidades, proposta por *Abraham Maslow.*

Segundo *Maslow*, as necessidades humanas parecem ser hierarquizadas em cinco grandes categorias. Para chegar a essa conclusão, *Maslow* pesquisou cerca de duas mil necessidades das pessoas e condensou nessas cinco. Como vimos, o que impulsiona um indivíduo a canalizar suas energias para satisfazer seus objetivos é, justamente, uma necessidade insatisfeita. Portanto, é o querer realizar algo que motiva as pessoas a agirem nessa direção. A hierarquia de necessidades começa pelas fisiológicas. São as primeiras necessidades insatisfeitas no homem, e, quando estas começam a ser satisfeitas, surgem as de segurança. Seguindo a hierarquia, quando as de segurança começam a ser satisfeitas, as pessoas começam a sentir as necessidades sociais. Assim que as necessidades sociais começam a ser satisfeitas, surgem as necessidades de estima. A hierarquia culmina com as necessidades de auto-realização, que somente aparecem quando as necessidades de estima começam a ser satisfeitas. O quadro 5 mostra a hierarquia de necessidades proposta por *Maslow*. Esse modelo atua no indivíduo dessa forma, na maior parte do tempo, mas pode haver exceções a essa tendência.

As necessidades fisiológicas assumem papel importante quando não satisfeitas; são elas as de alimentação, repouso, abrigo; são as necessidades essenciais para a manutenção da vida. Transportando para o meio empresarial, são as necessidades sentidas pelas pessoas por salários compatíveis que possibilitem a compra de alimentação, roupas, abrigo, ambiente de trabalho adequado, limpo e arejado.

Quadro 5

Hierarquia de Necessidades Proposta por *Maslow*

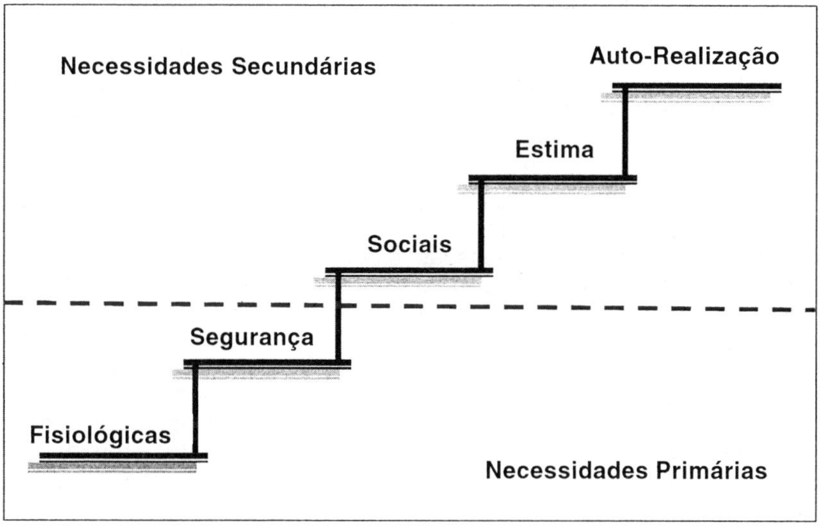

Satisfeitas essas necessidades mesmo que em parte, a de segurança passa a ser o fator de motivação do indivíduo. É a necessidade de sentir-se seguro contra o perigo e manter o seu bem-estar. É sentir-se seguro na empresa quanto ao emprego, ao recebimento de seu salário, estar protegido em caso de doença, invalidez e velhice. O acordo recente da FORD com o Sindicato dos Metalúrgicos exemplifica sobremaneira essa necessidade. Nesses tempos de desemprego, os funcionários trocaram flexibilidade de horário, pagamento maior do transporte e refeição por compromisso assumido pela empresa em não demitir determinado número de pessoas. Trocou-se diminuição da remuneração (horas extras, transporte e alimentação) por segurança do emprego.

De certa forma, satisfeitas essas duas necessidades, que são chamadas "necessidades primárias", as secundárias são as sociais, estima e auto-realização, o indivíduo passa a ter as necessidades sociais. É ser aceito por um grupo social, ter amigos. Na empresa, essa necessidade é satisfeita quando o indivíduo é aceito pelo grupo de trabalho e tem um relacionamento não só nos aspectos das atividades, quanto nos aspectos sociais.

A partir das necessidades de estima, a dificuldade é aumentada na satisfação. As necessidades de estima dizem respeito ao reconhecimento, ao amor, à autoconfiança. Na empresa, as pessoas sentem necessidade de reconhecimento dos outros pelo trabalho realizado, de oportunidade de desenvolvimento, de confiança na condução das atividades. A satisfação dessa necessidade provoca no indivíduo sentimento de prestígio e autoconfiança, como também de *status* e poder.

A necessidade de auto-realização pode ser expressa como a de realizar todo o potencial do indivíduo, buscando seu autodesenvolvimento e os ideais mais profundos. Na empresa, o indivíduo que sente essa necessidade busca constantemente seu autodesenvolvimento — quer aprender sempre —, o aprimoramento profissional, a realização de trabalhos difíceis ou inéditos. Quer desafios. Não faz para buscar reconhecimento. Não quer provar nada a ninguém; o indivíduo não necessita mais disso, mas necessita provar para si próprio que é capaz de realizar.

Outro conceito interessante de motivação foi proposto por *Frederick Herzberg*, denominado teoria da motivação-higiene. Segundo *Herzberg*, os fatores que motivam as pessoas, e por isso denominados "motivadores", são: realização, reconhecimento do desempenho, trabalho desafiante, maior responsabilidade, crescimento e desenvolvimento, todos relacionados com o trabalho em si. Quando esses fatores estão presentes no ambiente de trabalho, levam a impulsos maiores dos indivíduos. Já os fatores voltados ao ambiente, que *Herzberg* denomina "higiene": política e administração, supervisão, condições de trabalho, relações interpessoais, salário e segurança, quando ausentes ou ruins, em um ambiente de trabalho, provocam insatisfações nas pessoas; porém, quando presentes, não aumentam a satisfação.

Um programa de avaliação por objetivos pode até ajudar na satisfação das necessidades de segurança dos indivíduos, mas, de forma geral, não traz grandes contribuições para o atendimento das necessidades primárias ou dos fatores de higiene. No tocante à satisfação de necessidades de segurança, a empresa estabelece regras claras em relação ao desempenho desejado e às formas como serão efetuadas as avaliações, sendo um aspecto importante para a satisfação dessa necessidade, mas não é tudo. A contribuição do programa de avaliação é em relação às necessidades secundárias, principalmente em relação às de estima e auto-realização ou a fatores motivadores, fundamentalmente, pela valorização dos esforços pessoais na consecução dos objetivos alcançados, e pela abertura de espaços para a utilização da criatividade e do potencial do indivíduo. O desafio proposto pela metodologia torna o ambiente de trabalho motivador. Mais uma vez é importante lembrar o papel dos líderes, que como educadores devem promover, de fato, essa possibilidade, criando o palco para o desenvolvimento das pessoas.

O quadro 6 integra as duas teorias analisadas, a de *Maslow* e a de *Herzberg*, correlacionando-as com a avaliação de desempenho por objetivos. Pode ser percebido pelo quadro que os fatores de higiene de *Herzberg* correspondem às necessidades fisiológicas, de segurança e sociais, e os fatores motivadores às necessidades de estima e auto-realização, da teoria proposta por *Maslow*.

Quadro 6

Integração da Hierarquia de Necessidades Proposta por *Maslow*, a Teoria da Motivação-Higiene Proposta por *Herzberg* e a Avaliação de Desempenho

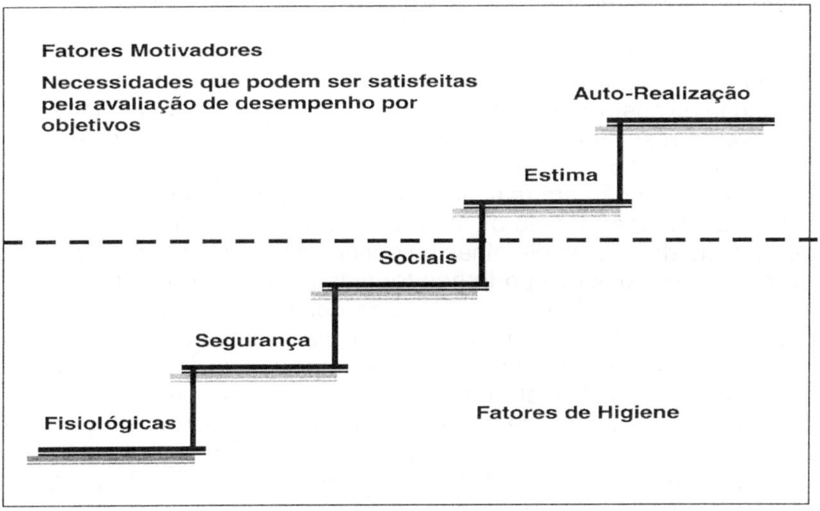

Os instrumentos da avaliação por objetivos

O mais importante é a aplicação correta da metodologia e não o preenchimento de formulários. Poderia ser utilizado um papel em branco para o acordo entre as partes dos passos do programa; no entanto, a utilização de algum formulário pode subsidiar o processo. Portanto, para fins ilustrativos, apresentamos três modelos de instrumentos que podem ser utilizados para a avaliação por objetivos. O "modelo A" pode ser observado no quadro 7, o "modelo B", no quadro 8, e o "modelo C", no quadro 9.

O instrumento "modelo A" (quadro 7) é bastante simples, permite a definição dos objetivos, a avaliação do resultado e o levantamento de necessidades de treinamento. No primeiro momento do processo, são preenchidos os espaços correspondentes a: definição dos objetivos e necessidades de treinamento. Ao final do processo — reunião de avaliação —, são preenchidos os campos: avaliação do desempenho, correspondente ao período, comentários do superior, comentários do funcionário, correspondentes à avaliação e plano de desenvolvimento. O plano de desenvolvimento deve ser elaborado em conjunto, líder e funcionário, e pressupõe as ações a serem tomadas para a melhoria de desempenho a curto prazo.

O instrumento "modelo B" (quadro 8) é também de aplicação simples. As diferenças são: desmembramentos do campo para definição dos objetivos e inclusão de fatores de desempenho, que visam a identificar questões voltadas a habilidades que possam estar contribuindo de forma negativa na consecução dos objetivos. São apresentados cinco fatores voltados à avaliação de competência: planejamento, organização, relações, tomada de decisões e desenvolvimento de pessoas. Esses fatores podem ser substituídos ou somados a outros, como: controle, liderança, delegação, flexibilidade, uso do tempo, senso de custo, senso de oportunidade, capacidade de inovação. Importante ressaltar que, quando utilizado um instrumento nesse formato, o resultado da avaliação pode ser obtido somente em relação aos objetivos e não em relação aos fatores correspondentes às competências. Nesse modelo os fatores subsidiam exclusivamente a determinação de causas de falhas na conclusão de objetivos, como, por exemplo, certo objetivo pode não ter sido cumprido por falha de planejamento do trabalho ou por falha na delegação de partes do processo a membros da equipe de trabalho. No momento do acordo dos objetivos, deve ser anotado o grau de importância (escala de um a cinco) de cada um dos fatores, e, no momento da avaliação, o grau do resultado conseguido (mesma escala utilizada para a avaliação dos objetivos — um a quatro). Ainda, os fatores podem complementar o resultado da avaliação. Nesse formato, parte da avaliação será por objetivos e parte por competências de forma ponderada, por exemplo 50% da avaliação decorrente dos resultados dos objetivos e os outros 50% decorrentes da avaliação das competências. Nesse modelo, temos uma parte da avaliação objetiva e uma parte da avaliação sujeita a certo grau de subjetividade. Poderiam, ser divididas as competências, em competências organizacionais e competências corporativas (obrigatórias) e competências específicas (escolha do líder e liderado), mais aplicável ao trabalho do avaliado.

O instrumento "C" (quadro 9) permite avaliação mais objetiva. Estabelecidos os objetivos, é acordada a importância (peso) de cada um deles. A soma dos pesos de todos os objetivos deve corresponder a 100%; portanto, deve ser estabelecido o peso relativo a cada um, segundo sua importância em relação aos objetivos da unidade e da empresa. Esse instrumento facilita em muito o processo de avaliação, conforme o exemplo a seguir:

- Estabelecidos cinco objetivos (A, B, C, D e E) e os pesos relativos, segundo a importância de cada um:

  Objetivo A — 40

  Objetivo B — 20

  Objetivo C — 20

  Objetivo D — 10

  Objetivo E — 10

- O resultado alcançado pelo funcionário, em cada um dos objetivos (indicadores: 1 — insatisfatório; 2 — satisfatório; 3 — bom; e 4 — excelente), é multiplicado pelo peso, e são somados os pontos obtidos, conforme abaixo:

Objetivo	Peso	Resultado	Peso x Resultado
A	40	4	160
B	20	3	60
C	20	2	40
D	10	2	20
E	10	4	40
Total			**320**

- O total de pontos é transformado em um conceito a partir de uma grade que poderia ser a seguinte:

Pontos	Conceito
Até 299	C
de 300 a 349	B
acima de 350	A

Outra questão diferente, apresentada no modelo "C", é a figura do revisor, superior hierárquico do líder da unidade. O papel do revisor é verificar os objetivos e padrões de desempenho acordados em relação à compatibilidade dos objetivos da unidade e da empresa e a avaliação final efetuada. É apresentado, também, um formulário para acompanhamento trimestral do processo. O modelo traz, ainda, um formulário para a auto-avaliação pelo funcionário, que deve ser preenchido antes da reunião de avaliação final com o líder. A auto-avaliação permite que o funcionário verifique seu sucesso ou fracasso, na conclusão dos objetivos e padrões de desempenho acordados, bem como uma reflexão dos motivos que levaram a esses resultados. Permite, também, uma reflexão sobre seu desenvolvimento na empresa e como esta poderia aproveitar melhor seu potencial.

Em qualquer dos instrumentos poderiam ser substituídos, acrescentados ou retirados itens.

Quadro 7
Instrumento da Avaliação por Objetivos — "Modelo A"

Nome:	**Período de Avaliação:**
Cargo:	**Unidade:**
Com base nos objetivos de sua unidade, liste os objetivos a serem atingidos pelo funcionário, de comum acordo, incluindo as datas-limites e os padrões de desempenho, bem como o estilo de liderança para acompanhamento do processo.	Por ocasião da avaliação, descreva os resultados atingidos em cada um dos objetivos. Verifique as situações adversas que estavam fora do controle do funcionário e que possam ter contribuído nos resultados atingidos.

Necessidades de Treinamento:

Descreva as necessidades de treinamento para que o funcionário possa cumprir com os objetivos.

Data e Assinaturas do Líder e do Funcionário:

Avaliação do desempenho

Indique a avaliação global do desempenho, tendo em vista os resultados atingidos pelo funcionário:

☐ Excelente, excedeu os resultados esperados.

☐ Bom, atingiu os resultados esperados.

☐ Satisfatório, deixou de atingir parte dos resultados.

☐ Insatisfatório, não atingiu os resultados esperados.

Comentários da reunião da avaliação

Líder:

Funcionário:

Plano de desenvolvimento

Indique os objetivos de desenvolvimento do funcionário:

Indique os programas específicos para melhoria de desempenho (casos de desempenho satisfatório e insatisfatório):

Indique os programas de desenvolvimento:

Data e Assinaturas do Líder e do Funcionário:

Quadro 8
Instrumento da Avaliação por Objetivos — "Modelo B"

Nome:	
Cargo:	**Tempo no Cargo:**
Data de Admissão:	**Unidade:**

Estabelecimento de Objetivos		
Objetivo:	**Data-Limite:**	**Padrões de Desempenho:**

Necessidades de Treinamento:

Data e Assinaturas do Líder e do Funcionário:

Avaliação dos Objetivos	**Indicador de Desempenho**
Objetivo X:	☐
Objetivo Z:	☐
Objetivo W:	☐
Objetivo Y:	☐

Verifique os resultados alcançados pelo funcionário em cada um dos objetivos propostos.

Utilize para a avaliação um dos quatro indicadores de desempenho:

4 — Excelente **2 — Satisfatório**

3 — Bom **1 — Insatisfatório**

Data e Assinaturas do Líder e do Funcionário:

Competências:

- Calcado nos objetivos acordados, indique o grau de importância das Competências, utilizando a escala de 1 (nenhuma importância) a 5 (muita importância).
- Na avaliação, indique o grau do resultado em cada um dos fatores apontados com pelo menos 3, na escala de importância. Utilize os mesmos indicadores da avaliação dos objetivos:

1 — Insatisfatório **3 — Bom**

2 — Satisfatório **4 — Excelente**

Comentários	**Grau de Importância**	**Avaliação**
Planejamento:		
Organização:		
Relações:		
Tomada de Decisões:		
Desenvolvimento de Pessoas:		

Data e Assinaturas do Líder e do Funcionário:

Quadro 9
Instrumento da Avaliação por Objetivos — "Modelo C"

<table>
<tr><td colspan="3">Nome:</td></tr>
<tr><td colspan="3">Unidade:</td></tr>
<tr><td>Objetivos e Padrões de Desempenho</td><td>Peso</td><td>Avaliação</td></tr>
<tr><td>Resultado Final:</td><td>Total de Pontos:</td><td>Conceito:</td></tr>
<tr><td colspan="3">Necessidades de treinamento
Indique as necessidades de treinamento para a realização dos objetivos propostos:</td></tr>
<tr><td colspan="3">Indicadores de Resultado:
1 — Insatisfatório — Não atingiu os resultados propostos.
2 — Satisfatório — Atingiu parcialmente os resultados propostos.
3 — Bom — Atingiu os resultados propostos.
4 — Excelente — Superou os resultados propostos.</td></tr>
<tr><td colspan="3">Data e Assinaturas do Líder, do Funcionário e do Revisor:</td></tr>
<tr><td colspan="3">Acompanhamento do Processo
Registre as principais ocorrências positivas ou negativas durante os trimestres de avaliação.</td></tr>
<tr><td colspan="3">1º trimestre:</td></tr>
<tr><td colspan="3">2º trimestre:</td></tr>
<tr><td colspan="3">3º trimestre:</td></tr>
<tr><td colspan="3">4º trimestre:</td></tr>
<tr><td colspan="3">Data e Assinaturas do Líder, do Funcionário e do Revisor:</td></tr>
<tr><td colspan="3">Auto-Avaliação</td></tr>
<tr><td colspan="3">Resultados
Registre os resultados obtidos em relação a cada um dos objetivos:</td></tr>
<tr><td colspan="3">Desenvolvimento Profissional
Registre suas proposições quanto ao seu futuro profissional:</td></tr>
</table>

Cultura organizacional e a avaliação por objetivos

É preciso, para que um programa de avaliação de desempenho por objetivos, conforme o enfoque apresentado, possa ter bons resultados, verificar a cultura da organização. Cultura organizacional é um dos assuntos mais estudados e o número de pesquisas sobre o tema tem aumentado consideravelmente. A maioria dos programas administrativos, entre eles os de recursos humanos, necessitam de certos elementos da cultura organizacional para que funcionem adequadamente. Esses programas podem funcionar bem em uma organização e não funcionar em outra, por causa de elementos contidos em culturas organizacionais específicas. Cultura Organizacional é, segundo *Edgar Schein*, "conjunto de pressupostos básicos (*basic assumptions*) que um grupo inventou, descobriu ou desenvolveu ao aprender como lidar com os problemas de adaptação externa e integração interna e que funcionaram bem o suficiente para serem considerados válidos e ensinados a novos membros com forma correta de perceber, pensar e sentir, em relação a esses problemas".(22) Segundo o autor, a cultura de uma organização pode ser aprendida em vários níveis, como o ambiente construído, a maneira como as pessoas se vestem, por padrões de comportamentos visíveis ou através de documentos públicos, como cartas. Entretanto, ainda seguindo a linha explanatória do autor, ao identificar esses valores, observa-se apenas o que as pessoas representam, ou seja os valores manifestos, que podem ser idealizações ou racionalizações e as razões inconscientes podem estar escondidas ou inconscientes. Tomando-se essa base teórica, o nível dos pressupostos inconscientes, é o que determina como as pessoas de uma determinada organização percebem, pensam e agem. "Cultura Organizacional significa um modo de vida, um sistema de crenças e valores, uma forma aceita de interação e de relacionamentos típicos de determinada organização".(23) Cada empresa possui valores próprios que determinam sua forma de ser e agir, seus procedimentos internos e a interação entre as pessoas. A cultura organizacional consiste em um conjunto de características que a organização valoriza e que é partilhado por seus membros. Segundo *Robbins*, são sete as caractrísticas básicas que definem uma cultura organizacional: "inovação e assunção de riscos — refere-se ao grau em que os funcionários são estimulados para serem inovadores e assumirem riscos; atenção aos detalhes — define o quanto se espera que os funcionários atuem com precisão,

(22) FLEURY, Maria Tereza L. e FISCHER, Rosa M. (coord.). *Cultura e poder nas Organizações*. São Paulo: Atlas, 1996.

(23) CHIAVENATO, Idalberto. *Teoria Geral de Administração*. 3ª ed., vol. 2. São Paulo: McGraw-Hill, 1987.

análise e atenção aos detalhes; orientação para resultados — refere-se a quanto os dirigentes focam os resultados, comparativamente às técnicas e processos que levam a eles; orientação para pessoas — determina o quanto a direção leva em conta os efeitos causados pelos acontecimentos nas pessoas; orientação para a equipe — define o quanto as atividades são planejadas em termos de equipes ou de pessoas individualmente; agressividade — oferece a medida do quanto as pessoas devem ser competitivas e agressivas, ao invés de dóceis e acomodadas; e estabilidade — refere-se ao grau em que as atividades organizacionais priorizam a manutenção do espaço conquistado, ao invés do crescimento".[(24)] As organizações possuem uma cultura dominante, que expressa os valores compartilhados pela maioria de seus membros e subculturas presentes em unidades separadas. Quando são estudadas as culturas organizacionais, normalmente referem-se à cultura dominante.

A cultura de uma organização influencia na maneira como as pessoas trabalham, no comportamento de como agem e nos seus desempenhos profissionais. Se verificarmos as metodologias estudadas no Capítulo 3, é possível distinguir que algumas delas irão funcionar muito bem em algumas organizações, apesar da subjetividade implícita aos modelos e muito mal em outras, simplesmente por fatores culturais. Para determinar os fatores de avaliação ou de competência devem ser verificados, também, os valores compartilhados pelos membros da organização.

Retornando ao modelo de avaliação de desempenho por objetivos, que é o objeto de estudo deste Capítulo, acreditamos que a metodologia somente será coroada de êxito em empresas cujas culturas valorizem aspectos democráticos no trabalho com a responsabilidade, a inovação, a participação nas tomadas de decisão, a ética, o ser humano, a agressividade (no seu aspecto positivo) o desenvolvimento de pessoas e o trabalho individual. Nesse sentido, o conjunto de pressupostos oferecidos por *Robbins*, citados anteriormente, auxiliam na presunção da cultura organizacional necessária para que a metodologia de avaliação por resultados tenha sucesso. Em organizações que apresentam valores mais voltados ao autoritarismo, à rigidez hierárquica, ao paternalismo, à participação reprimida, cuja crença é que as pessoas devem sempre ser dirigidas, dificilmente um programa de avaliação por objetivos terá êxito.

A questão da análise da cultura para obtenção de sucesso, não só de programas administrativos e gerenciais, mas também de resultados organizacionais, não é nova. Há muitos anos, foi produzi-

---

(24) ROBBINS, Stephen P. *Comportamento Organizacional*. São Paulo: Prendice Hall, 2002.

da uma das teorias mais interessantes sobre cultura organizacional, denominada "Teoria X" e "Teoria Y", por *Douglas McGregor*. Segundo a "Teoria X":

> "O ser humano médio não gosta intrinsecamente de trabalhar e trabalha o menos que pode.
>
> Devido a essa característica humana de desagrado pelo trabalho, a maior parte das pessoas precisam ser coagidas, vigiadas, orientadas, ameaçadas com castigo, a fim de serem levadas a fazer o devido esforço para se alcançarem os objetivos da organização.
>
> O ser humano médio prefere ser dirigido, deseja evitar responsabilidades, é relativamente pouco audacioso e pretende segurança acima de tudo."(25)

As empresas cujas culturas aproximam-se do narrado na "Teoria X" dificilmente sobreviverão, a não ser que tenham monopólio de mercado, em uma época de competitividade global como a que vivemos, nas quais preceitos como qualidade, produtividade, satisfação de clientes são de suma importância e conseguidos principalmente através das pessoas e da adoção de programas participativos. Segundo ainda *McGregor*, a "Teoria Y" pressupõe justamente o contrário da "Teoria X", credo cultural voltado à responsabilidade e potencialidade do ser humano. Diz a "Teoria Y":

> "O dispêndio de esforço físico e mental no trabalho é tão natural como a distração ou o descanso.
>
> Controle exterior e ameaça de castigo não são os únicos meios de suscitar esforços no sentido dos objetivos organizacionais. O homem praticará a auto-orientação e o autocontrole, a serviço dos objetivos que se empenhou em alcançar.
>
> O empenho em alcançar objetivos é função das recompensas atribuídas ao êxito da tarefa.
>
> O ser humano médio aprende em condições apropriadas, não só a aceitar, mas a procurar responsabilidades.
>
> A capacidade de exercer, em grau relativamente elevado, a imaginação, o talento e o espírito criador, na solução de problemas organizacionais, encontra-se em larga e não escassamente distribuído pelas pessoas.
>
> Nas condições de vida industrial moderna as potencialidades do ser humano médio são utilizadas apenas parcialmente."(26)

---

(25) McGREGOR, Douglas. *Os Aspectos Humanos da Empresa.* Portugal: Livraria Clássica Editora, 1960.

(26) *Idem, ibidem.*

Se o enfoque de administração da empresa é parecido com o enunciado pela "Teoria X", como dissemos, não há espaço, não só para um programa de avaliação por objetivos, como para qualquer outra metodologia de avaliação, uma vez que, com certeza, o programa será revestido de autoritarismo, não alcançando seus objetivos de desenvolvimento organizacional e das pessoas. Nessas empresas, é necessária a implantação de uma nova cultura organizacional que enfatize a confiança nas pessoas e a participação delas em todo o processo produtivo. Aliás, há alguns anos, *William Ouchi*, a partir de estudos de organizações americanas e japonesas de sucesso, chegou a conclusões como essa de que as organizações ocidentais teriam de mudar sua filosofia de trabalho, incorporando estilo que exaltasse a confiança e a participação de seus funcionários, para enfrentar as empresas japonesas.(27)

Métodos de avaliação de desempenho por objetivos não são instrumentos de mudança organizacional, por si sós. Eles podem contribuir com um processo de mudança, mas é necessário vontade, muita vontade, por parte da alta cúpula da organização, para estabelecer uma nova filosofia de gestão na empresa que incorpore valores mais humanos.

Análise comparativa entre os métodos tradicionais e o método de avaliação por objetivos

Os programas de avaliação sustentados pelos métodos tradicionais falharam por não terem atingido os enunciados propostos inicialmente. O seu malogro deveu-se a inúmeros fatores, principalmente àquele já observado anteriormente, relativo à subjetividade. Somem-se a esse outros, conforme verificaremos a seguir.

Na metodologia tradicional, o líder é elevado naturalmente ao exercício do cargo de juiz ou de "psicólogo amador", e, como tal, tem o papel de julgar características da personalidade do funcionário avaliado. No artigo "An Uneasy Look at Performance Appraisal", escreveu *McGregor* "que os dirigentes são colocados numa situação de terem que 'bancar Deus', e por isso não se sentem à vontade".(28) Afirma, ainda, *McGregor* que "o método de avaliação convencional, a menos que seja aplicado com perfeita habilidade e delicadeza, cons-

(27) OUCHI, William. *Teoria Z — Como as Empresas Podem Enfrentar o Desafio Japonês.* Rio de Janeiro: Fundo Educativo Brasileiro, 1982.

(28) McGREGOR, Douglas. *Um Exame Preocupado da Avaliação de Desempenho,* artigo 10, vol. 3. Biblioteca Harvard de Administração de Empresas, 1975.

titui algo perigosamente próximo de uma violação da integridade da personalidade".[29] Mesmo que existisse essa remota possibilidade de tamanha perfeição na aplicação, ainda a avaliação tradicional não teria utilidade em termos reais de desenvolvimento. Contestando a afirmação de *McGregor* de que o insucesso da avaliação tradicional deve-se ao fato de o líder ter de assumir o papel de "bancar Deus", *Harry Levinson* encontra outra justificativa. "Minhas próprias observações levam-me a acreditar que os administradores vêem em sua avaliação de outros funcionários um ato hostil e agressivo que, inconscientemente, parece-lhes estar causando danos ou destruindo essas outras pessoas. A situação criada pela avaliação dá origem, portanto, a poderosos e paralisadores sentimentos de culpa que tornam exatamente difícil para a maioria dos dirigentes fazer críticas construtivas de seus subordinados".[30] Se o comportamento é o de "bancar Deus", juiz, ou assumir atitudes que causem constrangimento, sem dúvida há margem para uma boa discussão. Qual seja esse comportamento, não é a atitude natural da pessoa durante o processo. Portanto, esse comportamento estranho não é o comportamento esperado em um processo que deveria levar ao desenvolvimento natural das pessoas. Toda essa discussão é motivada pelo simples fato de que as fichas de avaliação, na metodologia tradicional, principalmente na escala gráfica, contêm características da personalidade do indivíduo, como: iniciativa, adaptabilidade, autoconfiança, criatividade, entre outras, e a metodologia leva o líder ao papel natural de fazer o julgamento dessas características do avaliado. Por sua vez, o funcionário desenvolve uma atitude de réu, e, como réu, representa o papel de defesa, o que impede a continuação de diálogo construtivo entre ambos.

No início deste livro, colocamos os objetivos de um programa de avaliação de desempenho. Extraindo somente três deles, o de provocar a melhoria contínua do desempenho da organização e das pessoas, o de alavancar o crescimento dos funcionários e o de melhorar o processo de comunicação entre os diversos níveis da empresa, entre tantos outros importantes, temos de verificar se, de fato, um programa dessa natureza atende os enunciados propostos. Se um programa não atende os enunciados propostos, que é caso dos métodos tradicionais, estes não podem ser traduzidos como programas de avaliação de desempenho.

---

(29) *Idem, ibidem.*

(30) LEVINSON, Harry. *Administração pelos Objetivos de Quem?*, artigo 6, vol. 1. Biblioteca Harvard de Administração de Empresas, 1975.

Para melhorar o desempenho de uma organização ou de pessoas, um método não pode evidenciar somente o passado, como apregoado pelos modelos tradicionais, mas, principalmente, deve enfocar o futuro. O enfoque da avaliação por objetivos atende, justamente, essa questão, a de estabelecer "um plano de ação futuro baseado naquilo que foi aprendido com o passado".(31)

Para suportar o desenvolvimento de pessoas, um programa de avaliação deve estimular desafios em busca de maiores conhecimentos e de realização de novas atividades, que pressupõe a metodologia por objetivos.

Finalmente, para criar um clima positivo de comunicação entre os níveis da empresa, é necessário que um programa não leve a gerência a ter de assumir o papel de juiz e o funcionário o de réu, o que certamente aumentará a distância natural entre esses níveis hierárquicos, constituindo-se em barreiras na comunicação. O processo de comunicação é ainda mais complicado quando o julgamento do desempenho é feito com base em fatores subjetivos, como: iniciativa, criatividade, entre outros. O melhor papel a ser desempenhado pelas lideranças é, justamente, o oposto — o de educar, estimular e desenvolver —, um verdadeiro assessor do funcionário, na busca dos resultados desejados pela organização, que apregoa o método por objetivos. Acrescente-se a isso que a metodologia de avaliação por objetivos pressupõe o estabelecimento de acordos antecipados quanto aos resultados desejados, e a avaliação é realizada com base nesse acordo, o que certamente contribui no processo de comunicação líder/funcionário.

Outra questão importante é em relação ao *feedback* da avaliação. Devido aos problemas que ocorrem durante o *feedback* do resultado da avaliação, tendo em vista as discussões infrutíferas em relação aos fatores subjetivos, há uma tendência da não-comunicação dos resultados. Na realidade, é como se nada houvesse acontecido, uma vez que, realizada a avaliação, sem nenhuma comunicação sobre o desempenho ao funcionário, este, certamente, deixará seus processos de trabalho exatamente como vinham sendo elaborados. Não há melhorias nos processos de trabalho! Na avaliação por objetivos ocorre obrigatoriamente a comunicação, uma vez que novos planos de trabalho devem ser combinados para o futuro, com base nos resultados do passado.

---

(31) *Idem, ibidem.*

O quadro 10 traz as principais diferenças entre os métodos de avaliação tradicionais e o por objetivos.

Quadro 10

Principais Diferenças entre os Métodos Tradicionais de Avaliação e o por Objetivos

Pontos Relevantes	Métodos Tradicionais	Método por Objetivos
Comportamento do líder no processo	Juiz	Educador
Papel do funcionário no processo	Julgado	Participante e iniciador
Enfoque da avaliação	Passado sem inter-relação com o desenvolvimento da empresa.	Futuro com vistas ao desenvolvimento da empresa e das pessoas.
Tempo de duração do processo	Alguns minutos durante o processo final de avaliação.	Toma todo o tempo do período de avaliação, geralmente um ano, uma vez que envolve planejamento da avaliação, acompanhamento e avaliação dos resultados.
Utilização	Premiar e punir	Melhorar o desempenho da empresa e das pessoas.
Retroinformação da avaliação	Nem sempre é fornecida ao funcionário.	Requer obrigatoriedade de fornecimento.

As limitações do método por objetivos

Uma das críticas comuns à avaliação por objetivos é que ela toma tempo. Não há como negar a afirmativa. Sem dúvida, o tempo requerido em método tradicional é menor, uma vez que normalmente é tão-somente colocado um "X" em formulário, para dizer que foi elaborada uma avaliação de desempenho. Com toda a certeza, existem atividades desenvolvidas pelo líder que podem ser deixadas de lado, para que ele possa desenvolver as verdadeiras atividades pelas quais os resultados começarão a acontecer, que é o caso da aplicação do método por objetivos. O que pode ser mais importante nas atribuições dos líderes que negociar objetivos com sua equipe de trabalho, acompanhar os resultados e avaliar o desempenho dos membros dessa equipe? Com toda a certeza, tempo precioso é perdido, e perdido de fato, em atividades de rotina que poderiam ser repassadas para os membros das equipes desenvolverem, para que com esse tempo, agora disponível, os líderes exercessem suas verdadeiras atribuições. Certamente, o que não deve ser feito é burocratizar o processo de avaliação, criando complicações desnecessárias, que foram recomendadas por extensas bibliografias sobre a administração por objetivos. Não há necessidade de ser, também, tão simplista como apregoado pela gerência-minuto, que diz: "o chefe e o subordinado devem estabelecer, em comum acordo, 'objetivos-minuto' numa folha de papel em branco e com no máximo 250 palavras".(32) O bom senso deve sempre prevalecer. Observe que em todos os modelos apresentados o número de páginas nunca é superior a três; mais do que isso é burocracia desnecessária.

Como ocorre em todos os métodos ou sistemas administrativos, a não-coerência no momento da aplicação pode exaltar problemas existentes na empresa, como:

- Utilização de coerção pelo líder, quando da combinação dos objetivos, do acompanhamento e da avaliação final. Típico problema de postura gerencial que deveria ser trabalhado, independente de adoção de metodologia de avaliação de desempenho. Se o método de avaliação por objetivos for utilizado como instrumento de pressão por parte dos líderes, incluindo aí a utilização de mecanismo exclusivo de recompensa e punição, haverá distanciamento de seus propósitos e com certeza o método falhará em sua aplicação, podendo gerar clima de desmotivação e frustração. Adicione-se, ainda, a possibilidade de que o sistema torne-se mecanicista e desumano.

- Perseguição rígida de objetivos que deveriam ser substituídos ou abandonados, tendo em vista mudanças no cenário em que se insere a empresa. Mais uma vez demonstra a falta de capacidade gerencial, principalmente em um momento em que se pede postura flexível.

- Avaliação centrada unicamente nos resultados e não nas causas que os provocaram. Procedimento muito comum nas organizações que não têm programas de qualidade, que com ou sem a adoção de métodos de avaliação são destacados os resultados e não, como deveria ser, os processos que propiciaram tais resultados. É necessá-

---

(32) BLANCHARD, Kenneth e JOHNSON, Spencer. *O Gerente Minuto.* Rio de Janeiro: Record, 1981.

rio mudar a ênfase exclusiva em resultados, uma vez que isso pode contribuir, inclusive com o fracasso do método quando da sua aplicação. Conforme afirma *Hampton*, "mentir para os clientes pode aumentar as vendas em 10% desejados, o comportamento não avaliado que conduz àquele resultado pode ser mais importante para a empresa, para a gerência, e para a qualidade das relações a longo prazo".[(33)] Na era da qualidade, o enfoque no processo, que era importante no passado, tornou-se fator vital para as organizações, e isso deve sempre ser lembrado no momento da avaliação.

É plenamente percebido que os maiores problemas, na aplicação do método, ocorrem por erros gerenciais, sendo importante o desenvolvimento de postura voltada à educação, que tanto enfatizamos, e, de forma mais radical, a substituição daqueles que não quiserem assumir tal postura.

Uma limitação do método por objetivos é sua aplicação para profissionais que desempenham trabalhos por demais simples e rotineiros. Não que seja impossível a fixação de objetivos, é que haverá dificuldades no estabelecimento de padrões de desempenho visando a melhorias, uma vez atingidos os resultados desejados, obrigando a cada novo período de avaliação repetir os resultados atingidos no passado. Apesar de já ser uma grande façanha repetir um resultado positivo, isso pode ser entendido pelas pessoas como um processo no qual não há desenvolvimento. Mais uma vez o problema não é da metodologia e somente pode ser resolvido mediante estímulos para troca de funções, como o rodízio, por exemplo.

A maior limitação do método de avaliação por objetivos, no entanto, é que sua aplicação sempre foi prevista para a utilização individual. Com pequenos reparos, e por isso estamos sendo extensivos neste capítulo, podemos transformá-lo em um método de avaliação bem mais interessante, que denominamos de acompanhamento e avaliação de resultados, com aplicação para qualquer tipo de equipe de trabalho, conforme verificaremos no Capítulo 6.

As vantagens do método por objetivos

As vantagens do método de avaliação por objetivos, como foi possível perceber ao longo deste capítulo, correspondem com os enunciados prescritos de um sistema de avaliação de desempenho. Resumindo, são as seguintes:

---

(33) HAMPTON, David R., *op. cit.*

- Conseguir melhorias da empresa;
- Motivar as pessoas em direção aos resultados propostos pela empresa;
- Desenvolver as pessoas;
- Propiciar conhecimento prévio ao funcionário das bases da avaliação do seu desempenho;
- Obter maior comprometimento dos funcionários nos objetivos empresariais;
- Planejar eficazmente as novas atividades;
- Clarificar as funções e os resultados importantes a serem perseguidos pelo funcionário;
- Auxiliar no levantamento de necessidades reais de treinamento e desenvolvimento do corpo de funcionários;
- Propiciar ao funcionário a oportunidade de demonstrar sua competência profissional, através do estímulo constante de desafios.

Roteiro para implantação do método por objetivos

Para implantar uma avaliação de desempenho no formato da avaliação por objetivos, é necessário tomar alguns cuidados para que esse instrumento tão importante de gestão de pessoal possa produzir todos os efeitos positivos desejados. Os pontos importantes de certa forma já foram descritos, assim a abordagem deste item será feita de forma resumida.

Análise da cultura e do clima interno

A primeira questão importante é verificar se o clima e os valores organizacionais suportarão um programa de avaliação dentro da abordagem descrita. Respostas positivas para algumas questões do gênero indicarão um quadro em que haverá suporte para a implantação:

- Há preocupação da empresa em relação às pessoas, principalmente voltada a desenvolvimento? Se negativo, há espaço para introduzir esse valor?
- Existe clima de participação das pessoas nos processos e decisões da empresa? É possível introduzir mecanismo de participação?

- Há preocupação da empresa com qualidade, produtividade e satisfação dos clientes? Se negativo, há crença no sentido de que essa preocupação deva existir?
- Há preocupação da empresa com o tema mudança?
- A empresa é preocupada com a sua competitividade? A empresa acredita que um melhor desempenho das pessoas possa levá-la nessa direção?
- Os programas de gestão de pessoal têm apoio da direção da empresa? Se negativo, um novo programa pode vir a ter esse apoio?

Obviamente, se a resposta for negativa para a maioria das perguntas, não há espaço para a implantação desse programa e da avaliação por resultados, que verificaremos mais adiante.

Análise do planejamento organizacional

A segunda questão importante é verificar o sistema de planejamento da empresa. Da mesma forma que no item anterior, respostas positivas do rol de perguntas indicarão possibilidades de implantação desse programa ou de similares:

- Existe planejamento estratégico na empresa ou, pelo menos, a definição dos principais pontos de melhorias que ela deve atingir? Se negativo, isso poderia ser implantado em um formato simplificado?
- Existe planejamento nas unidades? Quando não há, normalmente as pessoas desculpam-se dizendo ser impossível ter planejamento, porque a empresa somente tem trabalhos "de última hora". É possível mudar essa cultura?
- Existe planejamento financeiro? Há preocupação da empresa em adotar um planejamento financeiro?

Definição dos objetivos do programa

Verificadas as questões da cultura e do planejamento, é necessário discutir e tornar claros os objetivos do programa com a direção e os gerentes da empresa.

População-alvo do programa

Nesse ponto deve ser definido quem será atingido pelo programa. A melhor idéia é implantar para toda a empresa em uma única vez. Mas, também, o programa pode ser implantado de forma gradativa, por exemplo, no primeiro ano até o nível gerencial; no segundo, para todos os demais funcionários.

Vender a idéia

Maquiavel já dizia: "vale lembrar que não há nada mais difícil de executar e perigoso de manejar (e de êxito mais duvidoso) do que a instituição de uma nova ordem de coisas".[34] Sempre que se implanta algo novo, é natural que ocorra alguma resistência à mudança. Como vender, então, uma nova idéia? É simples, basta estimular a participação das pessoas na elaboração do novo instrumento e nas fases de sua implantação. Podem ser, inclusive, criados grupos de trabalho nesse sentido. A participação na construção de qualquer novo caminho sem dúvida é melhor do que simplesmente sair fazendo palestras sobre o assunto, depois que esse novo caminho foi construído.

Treinar os líderes

Apesar de tratar-se de um programa simples, o treinamento dos líderes visando à compreensão da metodologia é importante. Devem ser focalizadas, durante o treinamento, as técnicas de elaboração de objetivos, de indicadores e de padrões de desempenho, bem como as referentes à condução de entrevistas, de negociação de objetivos, de acompanhamento e de avaliação dos resultados. Devem ser salientadas, também, as técnicas de comunicação. A falta de treinamento pode levar a algo parecido ao que *Connellan* denomina a "síndrome do garoto com um martelo", que, após ter ganho um martelo, e sem a devida orientação quanto ao seu uso, pensa que tudo pode ser martelado, desde as panelas da mamãe até o dedão do papai.[35]

Perguntas para revisão e discussão

1. Explique a teoria de administração por objetivos — APO.
2. Explique o processo de avaliação de desempenho por objetivos.

---

(34) MAQUIAVEL, Nicolau. *O Príncipe — Estudos.* Brasília: Universidade de Brasília, 1979.

(35) CONNELLAN, Thomas K. *Fator Humano e Desempenho Empresarial.* São Paulo: Harper & Row do Brasil, 1984.

3. Cite os cuidados no momento da adoção da avaliação por objetivos.
4. Explique por que as pessoas são mais motivadas com a adoção de programas de avaliação de desempenho por objetivos.
5. Por que é importante a combinação do estilo de liderança a ser adotado pelo líder para acompanhamento do processo de avaliação de desempenho por objetivos?
6. Por que o estudo da cultura da organização é importante para a adoção de metodologia de avaliação de desempenho?
7. Qual a principal vantagem de incorporar ao processo de avaliação preceitos matemáticos?
8. Qual a principal vantagem de um instrumento prever a auto-avaliação?
9. Cite as limitações do método de avaliação por objetivos.
10. Faça uma análise comparativa entre os métodos tradicionais de avaliação e o por objetivos.
11. Por que os métodos tradicionais de avaliação podem levar os líderes a terem uma atitude de "bancar o juiz"?
12. Explique como a cultura organizacional pode ter influência no resultado (positivo ou negativo) da implantação da metodologia de avaliação por objetivos?
13. Quais assuntos você recomendaria que fossem tratados, durante um programa de treinamento para líderes, sobre avaliação de desempenho?

Exercícios

1. Abaixo, são propostos quatro enunciados que correspondem a situações diferentes. Em cada um dos enunciados, se você concordar, responda "sim"; caso você não concorde com o enunciado, justifique sua resposta.

   A. Funcionário: Estou nesta empresa há alguns anos e sei perfeitamente qual é o meu papel — o de montar estas peças. Vai ser pura perda de tempo a implantação desse processo tão trabalhoso, como a avaliação de desempenho por objetivos, e que não levará a nenhuma mudança significativa, uma vez que, repito, eu sei qual é o meu trabalho.

B. Líder: No passado, já tivemos outras avaliações que acabaram por criar um clima negativo, porque o nosso pessoal é muito bom, e a empresa nem sempre pode recompensar esse desempenho com aumentos salariais ou com participação nos resultados. Vocês mudaram o método, com a implantação da avaliação por objetivos, mas, no fundo, irá acontecer a mesma coisa, meu pessoal vai ficar chateado se eu não puder aumentar o salário deles ou conceder participação nos resultados da empresa.

C. Líder: Essa história da avaliação por objetivos não irá dar em nada. A turma vai querer negociar os padrões de desempenho que já consegue atualmente, e eu não vou ter nenhuma condição de negociar um padrão de desempenho mais alto. Se eu propuser o estabelecimento de um padrão mais alto, irão dizer que utilizo de coerção, e, se o padrão ficar igual ao conseguido atualmente, irão dizer que não consigo liderar minha equipe. Acho que essa história, além de não dar em nada, servirá para me queimar.

D. Funcionário: Esse modelo de avaliação por objetivos é uma enganação. Diz que deve haver negociação dos objetivos para o próximo período. Que negociação, que nada! Uma vez que, na realidade dos fatos, nós, pobres mortais funcionários, temos de aceitar os objetivos que a organização nos impõe.

2. A Diretoria Executiva de uma empresa sofrendo grandes pressões de concorrência, resolveu reformular toda sua política de qualidade. A Diretoria de RH assumiu o desafio de liderar uma força-tarefa para desenvolvimento de um projeto amplo de qualidade, conforme as diretrizes definidas pela Diretoria Executiva. Talentos de várias áreas foram destacados para participar da força-tarefa, sem deixar suas atribuições normais. Helen assumiu a incumbência de liderar o projeto, e com isso o seu plano de objetivos para ano determinava que o seu objetivo mais importante (peso de 90%) era o de liderar o comitê para desenvolvimento do projeto de qualidade, conforme diretrizes estabelecidas e acordadas. Ao terminar o prazo acordado, o projeto não fora terminado. Helen alegou em reunião de avaliação com seu diretor que faltou comprometimento com o projeto por parte dos membros do comitê — nunca tinham tempo para as reuniões — e quando tinham as reuniões não eram objetivas, itens poucos importantes eram discutidos de forma calorosa e os assuntos que realmente eram importantes acabavam não sendo discutidos. Alegou, também, que não houve comprometimento da Diretoria Executiva com o projeto, e por isso os membros do comitê, apesar de suas competências excepcionais, não estavam, de fato envolvidos com o projeto.

A. Por que o objetivo não foi concretizado? O que você acha das alegações da funcionária? O que faltou durante a combinação dos objetivos e durante a fase de acompanhamento?

B. Quais as competências específicas necessárias para uma pessoa liderar uma força-tarefa como essa? Qual a avaliação que você faria da Helen nessas competências?

3. Desenvolva um projeto de avaliação de desempenho por objetivos, contendo:

Sumário da metodologia;

Público-alvo;

Instrumento(s) a ser(em) aplicado(s);

Programa de treinamento a ser desenvolvido para os líderes e avaliados;

Etapas para implantação;

Cronograma para implantação;

Custo estimado para implantação;

Vantagens para a empresa com a aplicação da proposta.

CAPÍTULO 5

SISTEMA INTEGRADO — AVALIAÇÃO POR OBJETIVOS, TREINAMENTO E DESENVOLVIMENTO, E PLANEJAMENTO DE PESSOAL

"Os Países mais ricos financeiramente,
como Estados Unidos, Japão e Alemanha,
têm também o capital humano mais alto
e isso não chega a ser surpreendente.
É uma conseqüência direta
do sucesso econômico desses países ...
O capital humano não é o único fator na saúde de
um país, mas é um fator vital."

Gary Becker

Objetivos do capítulo

- **Descrever o processo de integração entre os programas de avaliação de desempenho, avaliação de potencial, planejamento de pessoal e plano de sucessão.**
- **Introduzir os conceitos de avaliação de potencial, planejamento de pessoal e plano de sucessão.**

Em várias ocasiões, afirmamos que o programa de avaliação de desempenho é um instrumento de desenvolvimento de pessoal. Conforme verificamos, a metodologia por objetivos é, por si só, um instrumento poderoso de crescimento. Esse instrumento, associado ao planejamento de pessoal e à avaliação de potencial, torna-se ainda mais completo.

Planejamento de recursos humanos

Segundo *James W. Walker*, "através do planejamento de recursos humanos, a administração se prepara para ter as pessoas certas nos lugares certos, nas ocasiões certas, a fim de serem cumpridos tanto os objetivos organizacionais como os individuais".[36] Portanto, o planejamento de recursos humanos visa a estimar as necessidades futuras e detectar internamente indivíduos para ocuparem essas vagas.

A grande vantagem do planejamento é que a empresa pode agir antes de o fato acontecer; assim, por exemplo, se é conhecido que um líder irá aposentar-se daqui a dois anos, durante esse período de tempo, pode ser preparado alguém para ocupar esse cargo, em vez de somente pensar no problema sucessório quando o fato realmente ocorrer. Quando não há planejamento de pessoal, ocorrem, normalmente, duas alternativas: ou se busca alguém no mercado de trabalho externo, ou se coloca uma pessoa da própria em-

---

(36) WERTHER Jr.; William B. e DAVIS, Keith, *op. cit.*

presa, mas que não foi devidamente preparada para ocupar o cargo. Quando a opção é por uma pessoa externa, pode acarretar dois problemas. Primeiro, desmotivação do pessoal interno, pela falta de perspectiva de ascensão profissional, que fica dizendo pelos corredores o velho jargão — "santo de casa não faz milagre". Segundo, mesmo com currículos brilhantes, a contratação de profissionais externos não é garantia de sucesso, por virem de empresas com outras culturas, ou pela falta de conhecimento da cultura organizacional existente, ou, ainda, pela não-adaptação a ela. Pode ocorrer um choque cultural, que determina o insucesso da contratação. *Terrence Deal* e *Allen Kennedy*, em seu livro "Corporate Culture", apresentam bem esse problema: "quando as pessoas estão trabalhando há vários anos em uma organização, a cultura desta molda suas reações, e pode fazê-las profissionais vagarosos ou rápidos, gerentes duros ou amáveis, membros de grupos ou individualistas, e elas podem estar tão condicionadas pela cultura a ponto de se desaperceberem disso".(37) Mais adiante, esses mesmos autores apresentam exemplo de um executivo da General Electric que está sendo convidado a trabalhar na Xerox; porém, a cultura de ambas as organizações é totalmente diferente, e esse executivo poderá não apresentar a mesma *performance* na Xerox em relação a sua *performance* na GE, simplesmente pela influência do choque cultural. Só por essa razão, valem a pena o planejamento e o desenvolvimento de pessoal interno, podendo ser acrescentada, ainda, a questão do custo, que, com certeza, é menor do que numa contratação externa.

Não é tão simples fazer projeções futuras de necessidades de pessoal, que é a base do planejamento, mas, dentre as técnicas, existe uma forma prática. Os líderes de cada unidade fazem um prognóstico de necessidades de pessoal para um período futuro, digamos, de três anos, em relação às metas da unidade. A cada seis meses ou um ano, os líderes efetuam uma revisão de seus prognósticos. Através dessa metodologia, podemos obter as necessidades futuras de pessoal em virtude de novas vagas a serem abertas, de mudanças de perfil ou de aposentadorias. Outra forma de efetuar projeções de necessidades é por meio de um plano de sucessão, conforme veremos adiante.(38)

---

(37) DEAL, Terrence E. e KENNEDY, Allen A. *Corporate Culture: the Rites and Rituals of Corporate Life*, Reading M. A.: Addison Wesley, 1982.

(38) N. A. Maiores informações sobre planejamento de pessoal, consulte: PONTES, B. R. *Planejamento, Recrutamento e Seleção de Pessoal*, 3ª ed. São Paulo: LTr, 2001.

Avaliação de potencial

Potencial humano da organização é conceituado como "reserva quantitativa e qualitativa de valores e energias fundamentais para a sustentação e o crescimento da empresa, representada pelo somatório de talentos, potenciais e capacidades".(39)

A avaliação do potencial é uma fotografia da capacidade do indivíduo, ou seja, através da análise de sua vivência profissional, de seus conhecimentos atuais, de sua preocupação com a aquisição de novos conhecimentos, de suas habilidades, aptidões e capacidades ainda não desenvolvidas, o líder poderá fazer prognósticos quanto ao futuro do funcionário em termos de carreira profissional. O líder, ao avaliar o potencial do funcionário, deve observar:

- rapidez como aprende e desempenha novas tarefas;
- incrementos em atividades sob sua responsabilidade;
- interesses por tipos de trabalho;
- interesse em aprender mais sobre seu trabalho e sobre outros;
- relacionamento com o grupo;
- solução de problemas sem procurar a chefia;
- objetivos pessoais de curto e de longo prazo, e interesse com que persegue esses objetivos.

A avaliação de potencial tem correlação com o desempenho atual no cargo, e é importante, também, a verificação da identificação do funcionário em relação aos princípios da organização.

É importante para a companhia identificar seus talentos profissionais (alto potencial) e cuidar muito bem deles, uma vez que serão os prováveis substitutos dos líderes de hoje. O cuidar bem significa manter o entusiasmo e não deixá-los distantes do avanço tecnológico.

A avaliação do potencial, sendo vista como uma fotografia, representa certo momento. É mutável ao longo do tempo. Por exemplo, um indivíduo, por não conhecer um idioma estrangeiro, pode não ter o potencial para ocupar certo cargo que exija esse conhecimento; no entanto, esse mesmo indivíduo pode aprender o idioma

---

(39) TOLEDO, Flávio e MILIONE, Benedito. *Dicionário RH de Administração de Recursos Humanos*, 2ª ed. São Paulo: Associação Brasileira de Recursos Humanos, 1983.

requerido e, desde que possua os demais quesitos, passa a ter o potencial para ocupar esse cargo. Assim, é difícil prever o futuro de alguém por muitos anos.

Um exemplo simples de instrumento de avaliação de potencial pode ser observado no quadro 1. Outra forma interessante é por meio de análise de currículo, em que é feita uma comparação entre os conhecimentos e as habilidades das pessoas em face dos requisitos exigidos pelo cargo. Para isso é necessária descrição detalhada de requisitos de conhecimentos e habilidades dos cargos da empresa.[40]

O resultado da avaliação de desempenho e de potencial

Utilizando um método individual de avaliação de desempenho podemos obter, por exemplo, quatro indicadores: ótimo, bom, regular e ruim. Utilizando um método de avaliação de potencial, podemos também obter quatro indicadores de potencial, como: alto (capacidade para assumir maiores responsabilidades de imediato), bom (capacidade para assumir maiores responsabilidades num curto prazo), regular (limitado ao seu nível hierárquico, podendo se mover lateralmente) e baixo (limitado a sua posição atual). O desempenho obtido deve-se integrar com o resultado da avaliação de potencial, para verificarmos as ações a serem efetuadas com os funcionários. O quadro 2 traz essa integração. A parte achuriada do quadro apresenta os profissionais que devem merecer tratamento especial por parte das empresas, funcionários com bom e alto potencial e bom e alto desempenho, são os considerados talentos. O pessoal com bom e alto desempenho e baixo e regular potencial são úteis às empresas; porém, seu desenvolvimento é limitado. Devem ser estudadas as causas dos profissionais que têm potencial alto e bom e desempenho regular e ruim. Talvez estejam executando tarefas abaixo de suas potencialidades e estejam desmotivados. Preocupante são os profissionais que se enquadram em desempenhos regular e baixo, e potencial também, regular e baixo. Esses profissionais, talvez não sejam interessantes para a empresa. Todos os casos, que não aqueles com bom e alto potencial e bom e alto desempenho, necessitam de ações especiais de aconselhamento e desenvolvimentos, se forem interessantes para a empresa. Os considerados talentos necessitam de ações de melhor aproveitamento, uma vez que se isso não ocorrer, são fortes potenciais para as empresas concorrentes.

---

(40) N. A. Para maiores informações, consulte: PONTES, B. R. *Gestão de Profissionais em Empresas Competitivas.* São Paulo: LTr, 2001.

Quadro 1
Avaliação do Potencial

Nome do Funcionário:	
Cargo Atual:	
Levando em consideração os seguintes fatores, indique o potencial do avaliado.	
Fatores	**Comentários**
Experiência profissional	
Conhecimentos atuais: idiomas, microinformática, etc.	
Preocupação com a aquisição de novos conhecimentos	
Habilidades	
Solução de Problemas	
Relacionamento com o grupo	
Objetivos pessoais	
Aptidões	
Preparação de substitutos	
Adesão aos valores da empresa	
Capacidades em desenvolvimento	
Autodesenvolvimento	
Indicadores de Potencial	
4 — Tem capacidade para assumir maiores responsabilidades de imediato. 3 — Tem capacidade para assumir maiores responsabilidades dentro de 2 anos. Há necessidade de maior experiência e conhecimento.	2 — Limitado a seu nível hierárquico. Pode mover-se lateralmente. 1 — Limitado a sua posição atual.

Quadro 2

Resultados da Avaliação de Desempenho e da Avaliação do Potencial

Desempenho				
+	P baixo D alto	P regular D alto	P bom D alto	P alto D ótimo
	P baixo D bom	P regular D bom	P bom D bom	P alto D bom
	P baixo D regular	P regular D regular	P regular D regular	P alto D regular
-	P baixo D ruim	P regular D regular	P regular D ruim	P alto D ruim

\- Potencial +

Legenda:

P = potencial

D = desempenho

·Verificar somente o potencial e o desempenho; no entanto, não é a ação correta. É também necessário analisar as atitudes e ética. Profissionais talentosos sem ética ou atitudes adequadas não são interessantes no ambiente empresarial.

Plano de sucessão

Um plano de sucessão é a extrapolação da situação presente, para uma situação futura. Para a elaboração de um plano de sucessão, é necessário que os cargos estejam bem organizados em carreiras.

O objetivo de um plano de sucessão é analisar os possíveis substitutos das vagas futuras, levando em conta prováveis candidatos internos, normalmente prevendo-se um número de dois candidatos em potencial para cada vaga. Essa análise dos possíveis candidatos advém de um inventário dos recursos humanos internos, ou seja, da avaliação do potencial e do desempenho, quando utilizado método individual. O inventário tem por objetivo catalogar as habilidades, as aptidões, a capacitação e o desempenho de cada funcionário.

O plano de sucessão pode ser espelhado por meio de gráfico de substituição, que "é uma representação visual de quem substituirá quem no evento de uma vaga de cargo".(41) O quadro 3 apresenta exemplo de gráfico de substituição de uma unidade de Recursos Humanos.

O gráfico de substituição permite análise rápida do quadro sucessório da organização, apesar da limitação quanto ao volume de informações.

Analisando o gráfico apresentado no quadro 3, percebemos que A. Silva, atual Diretor da Unidade de Recursos Humanos, irá aposentar-se dentro de dois anos, e será criada, daqui a um ano, uma nova gerência (Relações Sindicais). Vamos, então, averiguar as possibilidades de sucessões e possíveis planos de ação:

- Existem dois ótimos candidatos para substituir o Diretor de Recursos Humanos e a situação é tranqüila.
- Imaginando que T. Alves ocupe a posição de Diretor de Recursos Humanos, ficará vaga sua posição, mas existem bons substitutos. É possível um plano de ação para desenvolvimento de V. Antunes.
- Como N. Camargo é o mais provável substituto da Gerência de Remuneração, seus substitutos necessitam, agora, de plano de ação

(41) WERTHER Jr.; WILLIAM B. e DAVIS, Keith, *op. cit.*

específico que os desenvolva mais rapidamente, para que pelo menos um deles esteja preparado para assumir a gerência dentro de prazo menor.

- A situação é crítica quanto ao provável substituto do supervisor de Administração de Benefícios, uma vez que o único candidato tem péssimo desempenho e potencial fraco. A situação sugere duas ações, a primeira um plano de melhoria do desempenho e do potencial para L. Simões e a segunda a substituição de L. Simões.
- A situação também é crítica quanto ao substituto do Supervisor de Relações Industriais, tendo em vista que o atual ocupante está sendo cotado para uma das duas gerências (Relações Industriais e Relações Sindicais). O plano de ação deve ser contratar dois substitutos em potencial, ou desenvolver internamente dois funcionários.

O plano sucessório também pode ser representado em forma de tabela, conforme mostrado no quadro 4.

É importante lembrar, ao fazer um processo de sucessão, que "este plano não expressa, necessariamente, as intenções definitivas da direção da empresa quanto a promover ou não certo indivíduo à determinada posição de gerência",[42] mas permite facilitar a tomada de decisão na ocasião do evento, além de assegurar rápido preenchimento do cargo, internamente, numa eventualidade (demissão do ocupante atual, morte, licença etc.).

O quadro 5 mostra uma sinopse do planejamento e do plano de sucessão.

---

(42) LOBOS, Júlio A. *Administração de Recursos Humanos.* São Paulo: Atlas, 1979.

Quadro 3

Exemplo de Gráfico de Substituição para a Unidade de Recursos Humanos

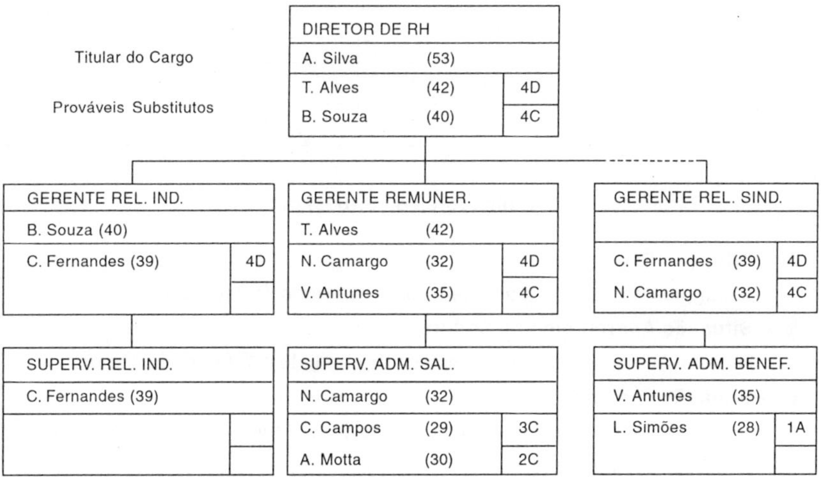

Legenda:

( ) Idade do Funcionário

Desempenho:

4 — Excepcional

3 — Muito Bom

2 — Bom

1 — Insatisfatório

Potencial:

D — Capacidade para assumir posição de imediato.

C — Capacidade para assumir posição dentro de 2 anos.

B — Pode mover-se apenas lateralmente.

.... Nova Gerência a ser criada dentro de um ano.

Quadro 4
Plano de Sucessão

Unidade:

cargo	ocupante atual	desempenho do ocupante	potencial do ocupante	idade	vaga provável em	substitutos	desempenho dos substitutos	potencial dos substitutos	indicador da situação

Indicadores da Situação:

A — Situação Segura

2 candidatos aptos e que podem ser promovidos de imediato.

B — Situação Aparentemente Segura

1 candidato que pode ser promovido de imediato e 1 dentro de 2 anos.

C — Situação que Pode Transformar-se em Problema

1 ou 2 candidatos que podem ser promovidos somente dentro de 2 anos.

D — Situação-Problema

Nenhum candidato que possa ser promovido dentro de 2 anos. Requer ação imediata.

Quadro 5

Sinopse do Planejamento e do Plano de Sucessão

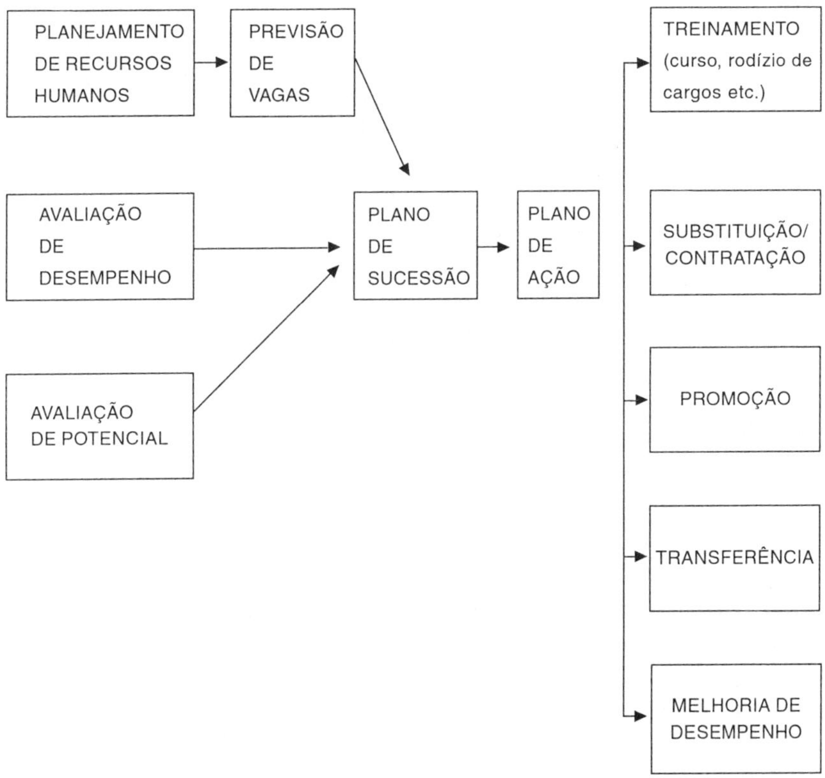

Integração dos programas

Dentro da linha abordada, a avaliação de desempenho pode ser integrada à avaliação de potencial, ao planejamento de recursos humanos, ao plano de sucessão e ao treinamento, tendo em vista os objetivos empresariais e os objetivos profissionais das pessoas da organização, cuja sinopse é apresentada no quadro 6.

Quadro 6

Sinopse — Integração: Avaliação de Desempenho, Planejamento e Desenvolvimento de Pessoal

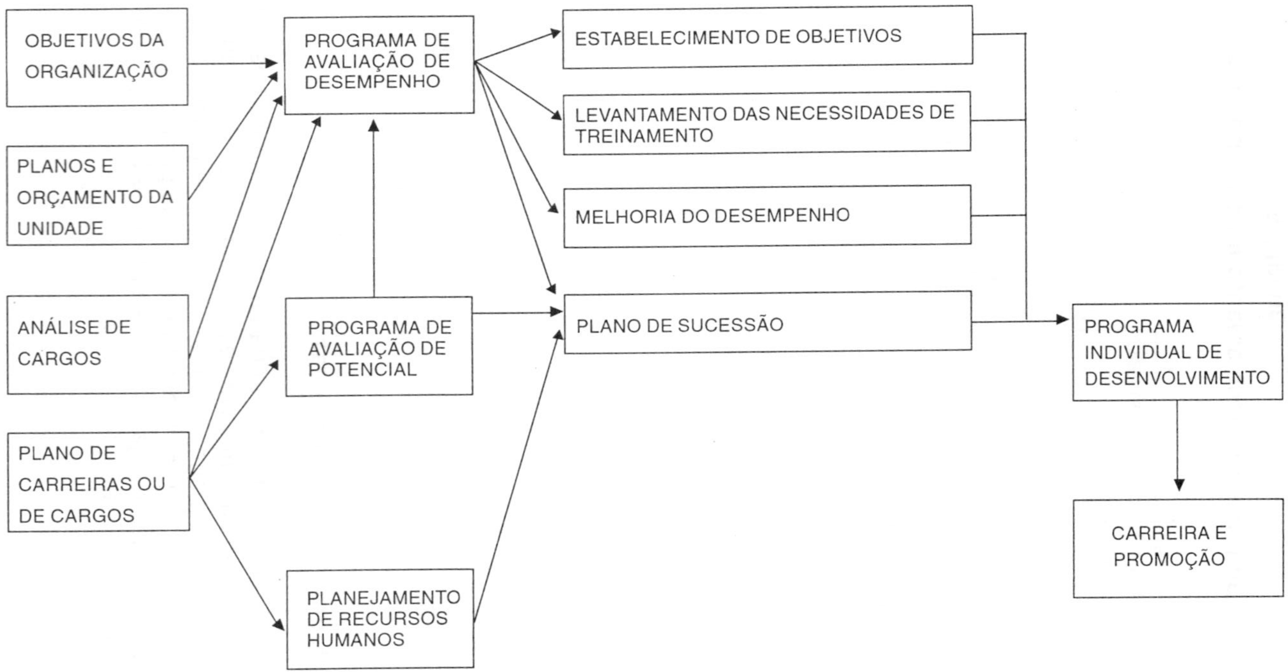

Para a integração dos programas que de fato levem ao desenvolvimento das pessoas na organização, são necessários:

- Objetivos organizacionais (estratégicos) e das unidades;
- Planos e orçamentos das unidades;
- Programas de administração de cargos ou carreiras;
- Programas de avaliação de desempenho, dentro da linha de desenvolvimento;
- Avaliação de potencial;
- Planejamento de Recursos Humanos.

Esses programas servirão de base para o estabelecimento dos objetivos individuais, o levantamento das necessidades de treinamento, a melhoria do desempenho e o plano de sucessão, que proporcionarão, com melhores resultados, um amplo programa de desenvolvimento das pessoas para futuro processo sucessório.

Uma vez definidos os objetivos globais da organização e os objetivos dos departamentos, o programa inicia-se pelas previsões de posições (futuros cargos vagos) para os próximos anos. O ideal seria que as previsões fossem feitas para cinco anos; no entanto, dentro da realidade brasileira, essa tarefa é difícil em virtude das constantes mudanças da política econômica, o que nos leva à proposição de previsões para três anos. As previsões das vagas, ou seja, as estimativas de demandas futuras de mão-de-obra, são elaboradas pelos líderes, baseadas em seus planos e orçamentos e prováveis deslocamentos de pessoal, como promoções e aposentadorias. Essas previsões podem ser apresentadas em planilha, como mostraremos no quadro 7. Os dados das previsões são essenciais para o programa de planejamento de recursos humanos, ou seja, para a efetivação do processo de aproveitamento de talentos internos que se dá através do recrutamento interno.

Quadro 7
Previsão de Posições

Previsão de Posições para os Próximos Três Anos				
Unidade:				
Registre as vagas que estarão em aberto nos próximos três anos e os motivos da previsão (aposentadoria, promoção ou transferência do ocupante atual, criação de nova vaga).				
Cargo/Posto de Trabalho	**N. de Vagas Próximo Ano**	**N. de Vagas Próximos Dois Anos**	**N. de Vagas Próximos Três Anos**	**Motivo**
Observações:				

A integração entre os programas tem como pressuposto que tanto os objetivos organizacionais como os individuais devem ser atendidos. Logicamente, os objetivos organizacionais devem sempre ser prioritários, mas é necessário "compreender, em primeiro lugar, as necessidades dos funcionários e depois determinar, com eles, a melhor maneira pela qual elas poderão ser atendidas na empresa, ao ser executado aquilo de que a firma precisa. Dessa forma, a maior automotivação surge quando há entrosamento entre as necessidades do funcionário e da organização. As necessidades de ambas as partes se juntam, se inter-relacionam e se tornam sinérgicas. Combinam-se as energias dos funcionários e da organização em benefício mútuo".[43] Conforme já visto, a teoria da hierarquia das necessidades humanas, de *Maslow*, pode ajudar-nos a explicar melhor. As pessoas têm motivos (necessidades) e esperam alcançá-los na empresa, por isso terão comportamento voltado ao alcance dos seus objetivos profissionais. As empresas também têm suas necessidades, que devem ser supridas para atender seus objetivos estratégicos. Portanto, deve existir uma troca mútua, a empresa ajudando as pessoas no alcance dos seus objetivos profissionais e as pessoas ajudando a empresa no alcance dos seus, cujo fluxo é mostrado no quadro 8.

(43) LEVINSON, Harry, *op. cit.*

Quadro 8

Fluxo de Necessidades: Pessoas-Empresa

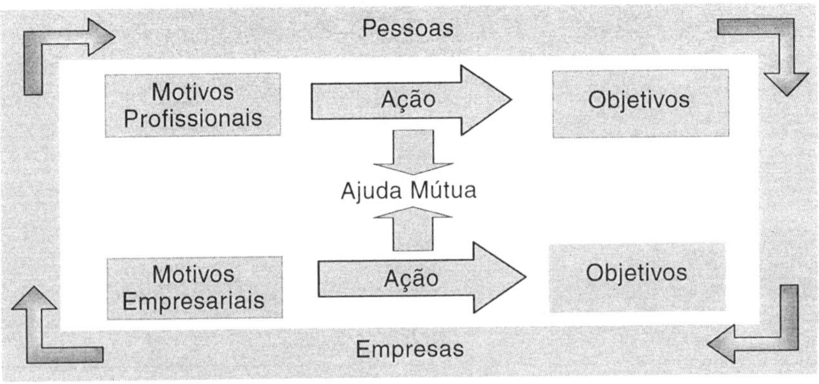

O processo de integração culmina com um plano de desenvolvimento individual para as pessoas com potencial para crescimento, que pode constituir-se em treinamento, rodízios, atribuição de novas atividades, estágios, entre outras formas de desenvolvimento.

Para a validade desse processo de integração que visa ao desenvolvimento das pessoas, não podem ser deixadas de lado as opiniões delas a respeito do assunto. No passado, era muito comum a realização de plano sucessório sem que as pessoas fossem ouvidas quanto às suas aspirações futuras de crescimento na empresa. Como vimos, é natural que as pessoas queiram contribuir com a grandeza da empresa para a qual trabalham, se essa empresa possibilita a realização de seus objetivos profissionais, sendo para isso necessário estabelecer um processo participativo.

Perguntas para revisão e discussão

1. Por que é interessante a integração do programa de desempenho a outros instrumentos de desenvolvimento?
2. Descreva, de forma resumida, o que é:
   - Planejamento de recursos humanos;
   - Avaliação de potencial; e
   - Plano de sucessão.
3. Por que é importante levar em conta os objetivos individuais em um programa integrado de desenvolvimento de pessoal?

CAPÍTULO 6

AVALIAÇÃO 360 GRAUS

"O alicerce da liderança é a capacidade que um líder tem para mudar a maneira como as pessoas pensam e agem."

Warren Bennis, Professor da University of California

Objetivos do capítulo

- **Apresentar os pressupostos da metodologia de avaliação 360 graus.**
- **Apresentar estrutura metodológica.**
- **Verificar os cuidados a serem tomados com o processo de aplicação**

A origem da avaliação 360 graus

A avaliação 360 graus (360 — *degree feedback*), *feedback* de 360 graus ou *feedback* com múltiplas fontes tem como premissa a coleta de informações de diversas fontes, tanto do ambiente interno da organização, quanto do ambiente externo (clientes). As informações são coletadas de pessoas em diferentes posições; líderes superiores, pares, subordinados, clientes internos e externos. O quadro 1 exemplifica o formato da coleta de informações.

Quadro 1
Formato da Avaliação 360 Graus

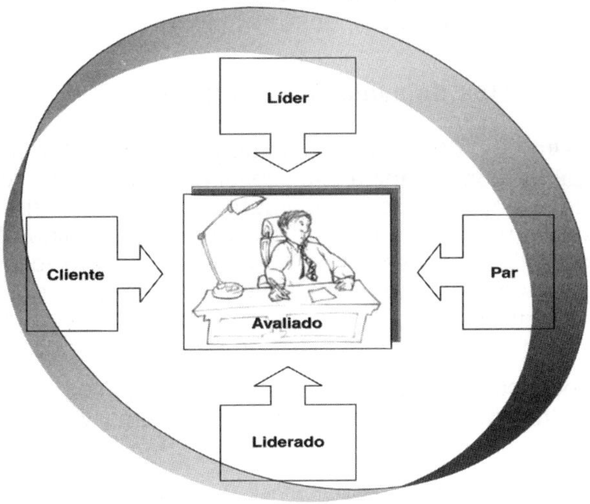

A avaliação 360 graus não é uma prática recente. Sua origem remonta dos anos 80 do século passado, com a abordagem de liderança situacional, exposta no capítulo 4, cuja atuação do líder pressupõe a adoção de estilos de liderança que combinam orientação voltada à tarefa e orientação voltada a relações.[44] Para verificar a forma de atuação do líder era comparada a percepção do mesmo com percepções de terceiros (chefes, pares e subordinados), de forma que através desses *feedbacks* pudesse ser feito com maior precisão um diagnóstico de atuação do líder e desenvolvido um plano de ação que resultasse em melhora da atuação gerencial. Anterior aos anos 80, nos anos 40 fora desenvolvida a abordagem dos traços que procurava as características pessoais ou inatas que distinguiam os líderes dos não líderes. Nos anos 50 e 60, surgia a abordagem comportamental do líder, que procurava identificar os comportamentos que produziriam resultados melhores. Nos anos 60 e 70, surgia a preocupação de melhorar a precisão do *feedback* e a amplitude das informações por ele disponibilizadas, impulsionando variantes que incluíam as percepções de subordinados. Nos anos 80, além da teoria de liderança situacional, outras teorias impulsionaram os estudos sobre o desenvolvimento gerencial, que formularam questões que estimularam experiências estruturadas com *feedbacks* de múltiplas fontes.[45] Os estudos focavam que as múltiplas fontes de feedbacks serviriam exclusivamente ao desenvolvimento do profissional. Mais recentemente, as empresas empregaram a idéia desenvolvida nos anos anteriores para aplicação como ferramenta de avaliação. "Ninguém mais discorda de que esse *feedback* tem grande valor — pesquisas recentes indicam que 905 das mil maiores empresas listadas na revista *Fortune* têm alguma forma de avaliação de múltiplas fontes para desenvolvimento de carreira, gerenciamento de desempenho ou ambos".[46]

Os pressupostos da avaliação 360 graus

A avaliação 360 graus tem como pressuposto central o desenvolvimento da competência das pessoas através de retroinformações de seus pares, superiores, liderados e clientes internos ou externos, substituindo a idéia central das metodologias clássicas de avaliação — do líder avaliar o subordinado. Dessa forma, além da avaliação do subordinado pelo seu líder, esta metodologia proporciona duas oportunidades, a de que: os subordinados avaliem seu líder, e os funcionários façam avaliações recíprocas.

O processo de avaliação é mais confiável que as metodologias de avaliações tradicionais, vistas no capítulo 3, uma vez que pressupõe

(44) PAUL, Hersey; e BLANCHARD, Kennet. *Psicologia para Administradores.* São Paulo: E.P.U., 1986.

(45) REIS, Germano G., *Avaliação 360 Graus — Um instrumento de Desenvolvimento Gerencial.* São Paulo, Atlas.

(46) EDWARDS, Mark R. e EWEN, Ann J., *Feedback* de 360 Graus, *in Revista HSM Management.* São Paulo, 6 de janeiro de 1998.

múltiplas fontes de informações. Os indivíduos, através da metodologia podem comparar os resultados das avaliações feitas pelo líder, colegas e clientes com sua auto-avaliação, que deve levar a um processo de reflexão resultando em um nível maior de consciência de suas ações e os reflexos dos seus atos sobre outros. O *feedback* de múltiplas fontes, desde que cuidadoso deve ser encarado como um instrumento de desenvolvimento de competências pessoais. Como as retroinformações advém de fontes diversas, garante uma compreensão mais clara do comportamento do indivíduo na organização.

A principal novidade do método é a de propiciar a oportunidade do subordinado avaliar o líder, cuja finalidade é a de que os líderes possam elaborar um plano de melhorias para suprir suas deficiências. As avaliações são feitas através de fatores que procuram mensurar comportamentos observáveis, atitudes ou competências profissionais, como por exemplo: postura profissional, relacionamento, capacidade analítica, planejamento, organização, qualidade do trabalho, motivação, escolhidos, considerando a cultura organizacional e objetivos prepostos pela empresa. Normalmente, os fatores são voltados a análise das competências corporativas e técnicas, como por exemplo: orientação por resultados, gestão de equipes, gerenciamento de mudanças, resolução de problemas, gerenciamento estratégico. Os formulários usados na avaliação são similares àqueles apresentados na escala gráfica.O quadro 2 apresenta um modelo para uso na avaliação 360 graus, contemplando itens de competência como fatores. Podem ainda, os fatores ser substituídos por questões específicas voltadas à forma como o líder conduz sua equipe, conforme exemplo mostrado no quadro 3.[47]

(47) Os fatores foram extraídos na íntegra do artigo: "Agora é o funcionário quem avalia o chefe", publicado no Jornal Folha de São Paulo, de autoria de *José Vicente Bernardo*, em 4 de dezembro de 1994, e desenvolvido, segundo seu autor com base em questionário da *Americam Express*.

Quadro 2

Modelo de Formulário por Competências para Uso na Avaliação 360 Graus

Competências	Indicadores			
	1	2	3	4
Corporativas				
Visão estratégica Conhece o negócio. Identifica as oprtunidades e ameaças. Tem clareza e comprometimento sobre os objetivos e os valores organizacionais.				
Foco no Cliente Orienta esforços para identificar e atender as necessidades e expectativas dos clientes.				
Trabalho em Equipe Relaciona com as pessoas de forma aberta e receptiva. Está atento aos sentimentos das pessoas. É cooperativo.				
Específicas				
Planejamento Estrutura as ações para aproveitar as oportunidades. Estabelece os controles necessários. Acompanha e avalia se as ações estão sendo desenvolvidas de forma correta. Otimiza os recursos disponíveis.				
Conhecimento técnico Demonstra possuir os conhecimentos sobre sua área de atuação.				
Criatividade Propõe soluções criativas e viáveis para o negócio. Aproveita oportunidades para experimentar novos formatos de trabalho.				
Indicadores: 1 — Abaixo das expectativas 2 — Corresponde às expectativas 3 — Excede em parte às expectativas 4 — Excede às expectativas				

Quadro 3

Fatores para Avaliação do Líder

Ele dá atenção a suas opiniões e idéias?
Dá liberdade necessária para que você faça bem o seu trabalho?
Encoraja-o a assumir responsabilidades?
Trata as pessoas na empresa como colegas, não como competidores?
Inclui outras pessoas em decisões que podem afetá-las?
Encoraja e aceita críticas construtivas?
Encoraja a discussão de temas polêmicos?
Evita falar mal dos outros?
Remove barreiras para aperfeiçoar o trabalho em equipe?
Discute posições franca e objetivamente?
Agradece seu apoio e contribuições?
Pergunta o que você precisa para fazer melhor o seu trabalho?
Dá o devido crédito por suas realizações?
Fornece orientação efetiva quando ocorrem mudanças?
Dá margem para que se cometa erros?
Ajuda os subordinados a atingir seus objetivos?
Faz aquilo que prega?
Admite seus próprios erros prontamente?
Reconhece a criatividade e a inovação?
Demonstra comportamento honesto e ético?

Estrutura metodológica

A avaliação 360 Graus utilizando fichas com os fatores, conforme exemplificados anteriormente para a obtenção das retroinformações, permite que o avaliado compare suas percepções pessoais (auto-avaliação), com as percepções das pessoas com as quais interage (líder, pares, subordinados e clientes), em relação ao seu desempenho. Como a avaliação advém de várias fontes o instrumento é enriquecido, tornando mais fidedignas as informações em relação ao desempenho do avaliado.

As retroinformações são indiscutivelmente positivas para o desenvolvimento individual, pois através delas é que as pessoas conseguem perceber seus aspectos positivos e aspectos que necessitam de aprimoramento ou de melhorias profundas. É o ponto que a avaliação 360 Graus tem seu maior mérito, que é a de proporcionar o confronto da autopercepção com a percepção de outros, e não somente com a de seu superior. Para que, de fato as retroinformações alcancem o desejado, quatro aspectos merecem cuidados: escolha de fatores, consenso da avaliação, liderança positiva e a forma de fornecer o *feedback*.

Os fatores a serem escolhidos devem obedecer cuidado rigoroso para que não permita alta subjetividade no momento da avaliação. Devem, também conter definição precisa de cada fator e do que deve ser avaliado.

Os avaliadores, após o preenchimento das fichas de avaliação, devem se reunir para chegarem a um acordo quanto à avaliação final, sem a qual o processo pode cair em um ato burocrático de preenchimento de formulários, que tornará o instrumento tão deficiente como tantos outros vistos na metodologia tradicional. As avaliações efetuadas por clientes externos podem ser apresentadas nesse "comitê de avaliação" por funcionários pares ou líderes.

A liderança nesse processo é vital para o funcionamento da metodologia. Ele deve compartilhar com outras pessoas a sua forma de observar o desempenho do avaliado e não impor suas considerações. Deve, também manter o "comitê nos trilhos", para que as considerações a respeito do avaliado possam resultar em posterior retroinformação positiva que possa servir de influência para o desenvolvimento da pessoa em sua carreira profissional, mesmo quando há aspectos a serem profundamente melhorados.

A forma como será efetuada a retroinformação, uma vez que a avaliação é realizada em aspectos observados através de fatores, e não de metas totalmente mensuráveis, é de vital importância. O *feedback* deve se prender ao desempenho e jamais a julgamentos pessoais do avaliado. A retroinformação de forma mais abrangente é narrada em capítulo à frente.

Normalmente os avaliadores são escolhidos pelo próprio avaliado e referendados pelo líder. Como o avaliado conhece as fontes das avaliações, mais uma vez ressaltamos a necessidade do consenso da avaliação para que sejam evitados constrangimentos pessoais.

O método é interessante, apesar das suas naturais limitações que é a de avaliar através de fatores, e não de forma totalmente objetiva, como é o caso da avaliação por objetivos tratada anteriormente e da avaliação de resultados narrada no capítulo a seguir. Muitas são as experiências com esse método contemporâneo. Algumas dessas experiências estão sendo bem-sucedidas e outras malsucedidas. Os casos de insucesso ocorrem, principalmente, porque não são considerados os cuidados necessários na escolha dos fatores, porque há uma preocupação maior com o sistema de informatização, que normalmente subsidia essa metodologia, em relação à avaliação em si e porque muitas vezes não são formados "comitês de avaliação" para se alcançar consenso, uma vez que exige tempo para essa questão e as retroinformações terminam em avaliações individuais, e muitas vezes conflitantes que não alcançam o objetivo da retroinformação positiva e terminam em grandes constrangimentos e conflitos entre equipes e membros de uma mesma equipe.

Limitações do método

O maior incômodo do método é a subjetividade. Um mesmo fator ou enunciado de comportamento pode vir a ser interpretado de forma totalmente diversa por duas ou mais pessoas. Outro aspecto relevante é o de que o conceito permanece igual ao das avaliações tradicionais, por fatores, cujo foco é no desempenho individual, sem conexões diretas com os resultados globais de organização e sujeito, portanto, aos mesmos efeitos perversos das avaliações tradicionais (halo, tendência central, complacência ou rigor, preconceito pessoal e recentidade) narrados anteriormente. Ainda, é possível, mesmo que não ocorra a subjetividade ou as propensões dos avaliadores nesses tipos de avaliação que certos comportamentos não sejam observados da mesma forma por diferentes pessoas.

O método parte do pressuposto que todas as pessoas estão preparadas para dar e receber *feedback*, e a realidade pode ser diferente dessa afirmativa numa organização. "Com o tempo, consultores e diretores de recursos humanos perceberam que implantar uma estratégia de avaliação do gênero era tarefa bem mais complexa do que parecia. Malconduzido, o processo pode fazer o clima da empresa ficar mais nebuloso e sujeito a trovoadas do que antes. Pedir aos funcionários que digam o que pensam dos colegas exige alto grau de maturidade no ambiente de trabalho, algo que, embora muito aladeardo em discursos, é efetivamente raro de se encontrar".[48]

---

(48) OLIVEIRA, Martins. "Os riscos da Avaliação 360 graus", artigo *in Melhores Práticas — As Melhores Empresas para Você Trabalhar*, edição 12/maio de 2004, [www.melhorespraticas.com.br].

O método 360 graus, no entanto, como suporte ao desenvolvimento pessoal e carreira é bastante interessante. O problema reside em usá-lo como instrumento de gerenciamento de desempenho. O *feedback* de múltiplas fontes usado como fim único de desenvolvimento traz vantagens, em comparação ao seu uso como processo de avaliação: "as pessoas que dão seu *feedback* podem estar mais dispostas a ser totalmente honestas, uma vez que nem elas nem quem receberá o *feedback* têm nada a perder; quem recebe o *feedback* pode ficar menos na defensiva, mais aberto à opinião dos outros e mais disposto a acreditar no *feedback;* o *feedback* em si não interfere nos requisitos que envolvem as decisões de promoção de cargo, pois as informações não têm impacto direto sobre a carreira".[49]

A recomendação é a de que o instrumento seja usado exclusivamente com fins de *feedback* e não como processo de avaliação de desempenho. Mesmo assim, as avaliações devem receber tratamento estatístico. As avaliações individuais distorcidas (cerca de 40% acima ou abaixo em torno média do resultado) devem ser retiradas do processo, uma vez devem ter sofrido os efeitos de propensões por parte dos avaliadores e dessa forma não comprometerá o resultado final.

Finalmente, o reflexo da cultura corporativa em programas de avaliação e conforme analisado anteriormente deve ser estudado antes da implantação da metodologia de avaliação 360 graus. Os mesmos cuidados que requerem a avaliação por objetivos, também são solicitados por esta metodologia. Irá funcionar bem em empresas que sejam abertas e não autoritárias. É necessário que haja espaço para que as pessoas forneçam *feedbacks* de forma adequada.

Perguntas para revisão e discussão

1. Quais as principais premissas da avaliação 360 graus?
2. Por que devem ser tomados cuidados especiais para a implantação da metodologia 360 Graus?
3. Por que podem ocorrer os efeitos halo, tendência central, complacência ou rigor, preconceito pessoal e recentidade, também nesta metodologia?

---

(49) EDWARDS, Mark R. e EWEN, Ann J. "*Feedback* de 360 Graus", *in Revista HSM Management.* São Paulo, 6 de janeiro de 1998.

Exercício:

1. Desenvolva um projeto de avaliação 360 graus, contendo:

Sumário da metodologia;

Público-alvo;

Instrumento(s) a ser(em) aplicado(s);

Programa de treinamento a ser desenvolvido para os líderes e avaliados;

Etapas para implantação;

Cronograma para implantação;

Custo estimado para implantação;

Vantagens para a empresa com a aplicação da proposta.

CAPÍTULO 7

ACOMPANHAMENTO E AVALIAÇÃO DE RESULTADOS

"A mudança acontece como uma parte
normal dos ciclos da vida:
ciclos de vida do produto, ciclos de vida da pessoa,
ciclos de vida da empresa.
Diz a Bíblia: 'Há um tempo para tudo',
o que significa que tudo tem um fim.
Não podemos mudar o fato de que o fim existe,
mas podemos mudar a forma
com que lidamos com essa finitude."

James A. Belasco & Ralph C. Stayer

Objetivos do capítulo

- **Apresentar os pressupostos do programa de acompanhamento e avaliação de resultados.**
- **Apresentar o formato do programa.**
- **Discutir seus princípios fundamentais.**
- **Verificar a avaliação do comportamento da equipe através de competências.**

Os pressupostos do programa

Retornando a uma das limitações do método de avaliação por objetivos, "a de que toma tempo", apesar da nossa não-concordância plena, a principal causa dessa limitação está no fato de que a metodologia foi estrategicamente elaborada para aplicação individual. É claro que conversar com cada elemento da equipe para o acordo dos objetivos, acompanhar seus resultados e efetuar a avaliação final vai dar certo trabalho, muito embora seja um trabalho importante dos líderes. Agora, se o método for adotado coletivamente, o tempo a ser despendido diminui consideravelmente, e, com isso, a maior limitação do método deixa de existir. É justamente esse o pressuposto maior da metodologia: acompanhamento e avaliação de resultados. No entanto, poderíamos perguntar, "adota-se essa metodologia porque o trabalho é menor"?

A ênfase antiga de focalizar resultados individuais mudou, essa é a questão fundamental! A premissa de "salvadores da pátria" não mais existe. Com o advento da necessidade de buscar e manter competitividade pela empresa, percebe-se que o esforço de equipe é essencial. E, se há necessidade de obter esforço de equipe, não é admissível a adoção de método que apregoe o desempenho individual. É aqui que entra uma das forças do método de acompanhamento e avaliação de resultados, que tem como principal pressuposto o de estabelecer objetivos, acompanhar e avaliar os resultados de equipe.

O segundo pressuposto do método é o de estabelecer, de forma mais nítida, o que são resultados dentro de uma visão macroorganizacional.

Tendo em vista esses dois pressupostos, a metodologia do programa de acompanhamento e avaliação de resultados diferencia-se substancialmente da estrutura da avaliação por objetivos, que vimos no Capítulo 4.

Uma equipe de trabalho

A parte invisível do balanço, que é a diferença entre o valor de mercado e seu valor real, é o valor de seus ativos intangíveis: competência dos colaboradores, o conhecimento representado por suas patentes, produtos, logística e sistemas, e suas estruturas externas: clientes e fornecedores. A forma como a empresa utiliza o elemento humano constitui-se como o elemento vital da competência empresarial. Nesse sentido, a competência empresarial representa o acúmulo da capacidade produtiva, resultante do conhecimento, talento e experiência das pessoas, e que agregado ao trabalho em equipe irá gerar aumento dessa competência. Nesse sentido, o trabalho em equipe é fundamental nas empresas. Mas, também, as empresas precisam do trabalho de equipe, porque quando as pessoas compartilham uma direção comum conseguem atingir resultados muito mais rapidamente e de forma mais fácil. Quando o trabalho é realizado em equipe, a comunicação entre as pessoas é melhor, a produtividade é incrementada, tarefas interdependentes podem ser realizadas, a criatividade aumenta, as decisões são tomadas com maior eficiência e conseqüentemente os produtos e serviços da empresa são melhores. Nada se iguala ao trabalho em equipe, ou como *Anthony Robbins* diz, "indivíduos de excelência, pessoas que conseguem resultados notáveis, quase universalmente têm um extremo senso de respeito e apreciação pelas pessoas. Eles sabem que, para um homem sozinho, não importa quão brilhante seja, será muito difícil igualar os talentos juntos de uma equipe eficiente".[(50)]

A maior parte das pessoas tem necessidade de trabalhar juntas por questões sociais, reconhecimento, troca de idéias, o que de certa forma, pela própria natureza humana, é natural no trabalho em equipe. É a necessidade de união que faz com que as pessoas trabalhem em equipe, como descreve *Anthony Robbins*, "quase todas as pessoas de sucesso têm em comum uma extraordinária capacidade de unir-se com outras, de ligar-se e desenvolver uma relação harmônica com pessoas de diferentes procedências e crenças. É nos mais profundos recessos de nosso próprio coração. Todos precisamos formar laços duradouros e afetuosos com outros. Sem isso, qualquer sucesso, qualquer excelência é, na verdade, vazio".[(51)] No entanto, os trabalhos em equipe muitas vezes não funcionam como o

---

(50) ROBBINS, Anthony. *Poder sem Limites*. São Paulo: Best Seller, 1996.

(51) *Idem, Ibidem.*

esperado. Por diversas razões isso pode acontecer: objetivos mal formulados, falta de definição de responsabilidades entre seus membros, por decisões erradas, por erros na seleção das pessoas da equipe e principalmente pelo fator competição entre seus membros. A avaliação de desempenho pode ser um instrumento fatal para o desastre da equipe, quando a metodologia concentra-se na avaliação individual em detrimento do resultado do esforço da equipe.

Uma equipe de trabalho deve constituir-se por pessoas que possam somar seus conhecimentos para obtenção dos resultados esperados, mas para tanto, é importante que os objetivos sejam claros para todos, com estabelecimento de indicadores e dentro de parâmetros predefinidos quanto ao padrão de desempenho esperado.

Todos os integrantes de uma equipe de trabalho devem estar engajados na busca dos objetivos estabelecidos, devem sentir-se particularmente responsáveis pelas etapas que os levarão ao atendimento desses objetivos, compartilhando decisões, solucionando problemas, definindo tarefas, resolvendo crises, avaliando a própria *performance*, para que possam juntos usufruir o sucesso.

Todos devem ter consciência de que fazem parte de uma grande equipe constituída pelos funcionários da empresa, que além das metas de sua equipe, todos têm um objetivo comum a atingir; portanto, as equipes não devem constituir-se por ilhas, ao contrário devem buscar a interação com as demais equipes, a troca de informações, a integração entre os projetos desenvolvidos, visando ao desenvolvimento e a valorização de cada um.

Nesse contexto, o papel do líder é importante à medida que busque incentivar a equipe como um todo, mas mantendo a visão das necessidades individuais, para que possa agir rapidamente na correção de rumos, na melhoria de desempenhos insatisfatórios, no reforço e valorização de desempenhos positivos, tendo o papel de facilitador no entrosamento da equipe.

O número de integrantes de uma equipe pode influir em seu desempenho, já que são mais fáceis a interação, a solução de problemas e o consenso, quando o número de pessoas é menor. Essas questões podem, também, ser resolvidas numa equipe maior, mas a tarefa do líder e de seus membros, sem dúvida, será mais complicada. Dessa forma, numa equipe constituída por um número elevado de pessoas, é recomendável a sua subdivisão em grupos menores, distribuindo as responsabilidades para a consecução dos padrões de desempenho desejados.

O trabalho em equipe representa um aprendizado contínuo em termos de conhecimento, habilidade e experiência. O conhecimento significa a forma de se trabalhar em equipe, a habilidade envolve o desenvolvimento de comportamentos, relações e julgamentos necessários e a experiência manifesta a reflexão sobre erros e sucessos passados. Nesse sentido, um instrumento de acompanhamento e avaliação deve contribuir para esse aprendizado e não servir de obstáculo para que isso ocorra.

O formato do programa

O programa de acompanhamento e avaliação de resultados(52) é dividido em campos de resultados com pesos específicos. Em cada campo são determinados objetivos, indicadores e padrões de desempenho. Recordando as definições já apresentadas, entendemos como *objetivos* os grandes alvos desejados; *indicadores*, as medidas a serem definidas para controle do progresso, e *padrões de desempenho*, as metas a serem alcançadas em cada indicador. Com a inclusão de *indicadores* e *padrões de desempenho*, os *objetivos*, como foi visto na avaliação por objetivos, não mais precisam conter especificações como, por exemplo, prazo de conclusão, que passa a ser especificado nos *indicadores* e nos *padrões de desempenho*. Dentro dessa estrutura, em unidades da empresa nas quais os objetivos não se alteram ao longo do tempo, podem ser modificados os indicadores e os padrões de desempenho. Podem, também, os objetivos e os indicadores ser os mesmos, ao longo dos períodos, sendo modificados somente os padrões de desempenho, que uma vez alcançados, em certo período, podem ser incrementados, para justamente propiciar melhorias constantes dos indicadores. Os quadros 1 a 4 mostram exemplos de fixação de objetivos voltados a resultados operacionais específicos para várias áreas organizacionais, com indicadores e padrões de desempenho, conforme o conceito narrado.

---

(52) N. A. O programa de acompanhamento e avaliação de resultados é parte integrante do "Sistema de Gestão de Recursos Humanos — SGRH®", cujos direitos autorais pertencem à BR PONTES CONSULTORIA E ASSESSORIA LTDA.

Quadro 1

Exemplo de Objetivo, Indicadores e Padrões de Desempenho Específicos de Unidade Industrial

OBJETIVO	INDICADORES			PADRÕES DE DESEMPENHO
Obter a eficiência e a eficácia no resultado operacional da unidade.	Índice de participação de matérias-primas	=	Despesa com matérias-primas / Faturamento	Conseguir no máximo ...
	Índice de produtividade-equipamento	=	Produção real / Produção-limite	Conseguir no mínimo ...
	Índice de não-conformidade	=	N. de peças não conformes / Produção real	Conseguir no máximo ...
	Índice de produtividade	=	Tempo de processo / Disponibilidade técnica	Conseguir no mínimo ...

Quadro 2

Exemplo de Objetivos, Indicadores e Padrões de Desempenho Específicos de Unidade Recursos Humanos

OBJETIVO	INDICADORES			PADRÕES DE DESEMPENHO
Obter a eficiência e a eficácia no resultado operacional da unidade.	Índice de absenteísmo	=	N. de dias de faltas / N. de dias trabalhados	Conseguir no máximo ...
	Índice de *turn-over*	=	N. de desligados / N. médio de funcionários	Conseguir no máximo ...
	Índice de participação da mão-de-obra da unidade	=	Despesas com pessoal da unidade / Faturamento	Conseguir no máximo ...
Procurar melhorias contínuas na satisfação do cliente.	Índice de satisfação dos clientes internos	=	Notas obtidas / Tamanho da amostra	Conseguir no mínimo ...

Quadro 3

Exemplo de Objetivo, Indicadores e Padrões de Desempenho Específicos de Unidade Administração

OBJETIVO	INDICADORES	PADRÕES DE DESEMPENHO
Obter a eficiência e a eficácia no resultado operacional da unidade.	Eficiência financeira da terceirização = Custos dos serviços terceirizados / Custos dos serviços, caso mantidos pela empresa	Conseguir no máximo ...
	Rotatividade de estoques = Valor de Estoques / Despesas com Materiais	Conseguir no máximo ...

Quadro 4

Exemplo de Objetivo, Indicadores e Padrões de Desempenho Específicos de Unidade Comercial

OBJETIVO	INDICADORES	PADRÕES DE DESEMPENHO
Obter a eficiência e a eficácia no resultado operacional da unidade.	Margem da venda = Preços Praticados / Preços Objetivos	Conseguir no mínimo ...
	Índice de vendas = Vendas Confirmadas / Orçamentos Efetuados	Conseguir no mínimo ...

São propostos resultados nos campos: econômico-financeiro, como receitas, custos e lucros; satisfação de clientes externos e internos e resultados operacionais, que levam em consideração aspectos da qualidade e produtividade da empresa. Por ser um programa mais amplo do que o de avaliação por objetivos, leva as pessoas a refletirem sobre os processos de trabalho e a se preocuparem com todos os aspectos relevantes para o sucesso contínuo da empresa, no qual lucre a empresa, por meio das melhorias, inclusive de competitividade, e ganhem os funcionários, tanto pela melhoria do processo de comunicação e dos desempenhos a serem esperados, quanto pelo crescimento profissional, resultante de um programa dessa natureza.

O programa, conforme já dissemos, é sempre aplicado em equipe e nunca de forma individual. Porém, outro aspecto relevante é a possibilidade de mesclar objetivos, cuja consecução dependa de todas as equipes simultaneamente, com objetivos da responsabilidade exclusiva da equipe. Processo dos mais interessantes, para não comprometer os resultados finais da empresa e, por outro lado, evitar o trabalho da equipe numa visão reducionista, ou seja, pensamento voltado exclusivamente a resultados da unidade à qual pertence a equipe. Adotando-se esse procedimento, a avaliação do desempenho de uma equipe leva em conta aspectos de resultados finais da empresa, como um todo, além dos resultados da equipe de trabalho, de sorte que, através de pesos adequados, somente o atendimento de um dos resultados — da equipe ou da empresa — não garante uma avaliação positiva da equipe. Assim, como a ênfase "salvador da pátria" não mais é interessante, o mesmo conceito também é válido para "equipe salvadora da pátria". Uma empresa só terá sucesso se todas as equipes forem bem-sucedidas. Numa era em que se preconiza a qualidade, produtividade e satisfação dos clientes, não fazem mais nenhum sentido trabalhos realizados sem a devida perfeição em uma unidade serem reparados em outra. Assim como uma equipe vai bem se todos os membros dessa equipe realizarem o trabalho com esmero e perfeição, uma empresa terá bons resultados se todas as equipes conseguirem resultados positivos. Um programa como esse faz com que todos os funcionários trabalhem pelo sucesso da empresa, fomenta o trabalho em equipe e propicia a todos o entendimento do que é essencial para a busca e manutenção da competitividade.

Além da exigência de objetivos, indicadores e padrões de desempenho bem conceituados, é necessário definir com muito cuidado o peso correspondente a cada objetivo ou indicador, para o alcance dessa preocupação das equipes em relação aos objetivos globais da empresa. Se, por exemplo, o peso total for 100 e se o peso referente aos objetivos ou indicadores específicos das equipes for 40, obviamente que o peso dos objetivos ou indicadores globais irá ser 60, o que sinaliza para as equipes que o mais importante é o trabalho voltado à consecução dos objetivos em nível global. Esse sinal, no entanto, indica apenas o grau de preocupação que as equipes devam ter, não que os objetivos específicos da equipe devam ser deixados de lado, porque num sistema de peso, embora alguns objetivos possam ter mais peso que outros, para a obtenção de desempenhos positivos é necessário verificar os resultados obtidos em relação a todos os objetivos. A inversão desses pesos entre objetivos globais e específicos sinaliza exatamente o contrário.

É necessário, além dos pesos, a fixação de critérios para a avaliação dos objetivos ou indicadores. É mais simples a avaliação dos indicadores através da comparação dos resultados obtidos entre os padrões de desempenho esperados e padrões de desempenho conquistados. Para isso, a ponderação discutida anteriormente também deve ser fixada em relação aos indicadores. Se os pesos forem fixados aos objetivos, como um objetivo pode ter dois ou mais indicadores, necessitaria, além da fixação do critério de avaliação, a aplicação de "regra de três" para chegar ao resultado da avaliação; por isso é muito mais simples e direta, tanto a fixação dos pesos como a da avaliação em relação aos indicadores. Veja um exemplo de fixação de critério de avaliação no quadro 5.

Quadro 5

Critério de Avaliação

NOTA	RESULTADOS DO PADRÃO DE DESEMPENHO DOS INDICADORES
4	ACIMA DO ACORDADO
3	DENTRO DO ACORDADO
2	ABAIXO DO ACORDADO EM ATÉ 10%
1	ABAIXO DO ACORDADO EM MAIS DE 10%

Finalmente, é necessário estabelecer a forma para obtenção do conceito final da avaliação da equipe, que nada mais é do que uma tabela de pontos, que irá variar conforme o peso e as notas estabelecidas por meio do critério de avaliação. Se o peso for 100 e as notas forem entre 1 e 4, a tabela de pontos deve ser construída entre 100 e 400 pontos, conforme exemplo mostrado no quadro 6.

Quadro 6

Tabela de Pontos para Obtenção do Conceito Final da Avaliação

NÚMERO DE PONTOS	CONCEITO
100 — 199,99	D
200 — 299,99	C
300 — 349,99	B
350 — 400	A

A avaliação é, geralmente, realizada semestralmente. Após a atribuição das notas a cada um dos indicadores, multiplica-se a nota pelo peso. A soma dos produtos é convertida em conceito a partir da grade proposta, como exemplificada no quadro 6. Um exemplo completo de avaliação pode ser observado no quadro 7. Nesse exemplo, a soma dos produtos foi *355*, que resultou no conceito final *A*; dessa forma todos os funcionários que pertencessem a essa equipe de trabalho receberiam o conceito obtido pela equipe.

Princípios fundamentais

O princípio fundamental é a participação, que deve envolver as pessoas em uma contínua negociação de objetivos a alcançar, na reflexão e definição das ações mais adequadas à consecução dos resultados, e na própria avaliação dos resultados atingidos. Assegura-se assim um projeto coletivo de trabalho. Esse princípio pressupõe, ainda, a adoção de políticas de incentivo ao trabalho em equipe, a abertura de diálogo entre os níveis diversos da empresa, a integração dos projetos, a disseminação das informações, o desenvolvimento e a valorização das pessoas que trabalham na empresa.

Com ou sem um programa de acompanhamento e avaliação de resultados, a participação é um processo importante para o sucesso de uma empresa. No caso da adoção de um programa como esse, o processo participativo é vital, incluindo, logicamente, a descentralização decisória. Se o que queremos é a melhoria da organização, as decisões devem ser delegadas no nível da equipe que pode provocar essas melhorias.

Outro ponto importante é o da interdependência entre o programa de avaliação de resultados e o planejamento estratégico da organização, que de forma alguma podem ser dissociados.

Conforme já visto, o programa é aplicado de forma coletiva. Em âmbito individual, paralelamente, pode ser aplicado instrumento de acompanhamento, cuja finalidade não é a da avaliação propriamente dita, mas com o sentido de verificar desempenhos extremos, tanto positivos quanto negativos, em relação à média apresentada pela equipe. A finalidade do acompanhamento individual, portanto, é a de identificar eventuais necessidades, com o objetivo de permitir ações de apoio ao funcionário que apresente desempenho aquém do resultado da sua equipe, e a de identificar possíveis talentos e fixar planos para o desenvolvimento de suas potencialidades. O acompanhamento individual, no entanto, não modifica o conceito atribuído aos membros da equipe, em função dos resultados obtidos e tem por finalidade identificar fatores que estejam interferindo, positiva ou negativamente, no seu desempenho, não só os de natureza técnica, como também os relativos à parte social e de relações de trabalho, com vistas à manutenção dos aspectos positivos e à superação ou minimização dos negativos. O quadro 8 mostra um exemplo de instrumento para aplicação do acompanhamento individual, quando aplicada a avaliação de resultados. Esse instrumento é aplicado pelo líder da equipe, após a conclusão da avaliação prevista no acompanhamento e avaliação de resultados. O plano de ação proposto deve ser concretizado durante o período seguinte.

Quadro 7

Exemplo de Avaliação por Resultados

REFERÊNCIA DO OBJETIVO	OBJETIVOS	INDICADORES	PADRÕES DE DESEMPENHO	PESO	NOTA	PESO X NOTA
Global	Alcançar os resultados Econômicos/Financeiros previstos.	Faturamento previsto para a empresa.	Atingir no mínimo ...	15	4	60
		Índice de rentabilidade.	Atingir no mínimo ...	15	3	45
Global	Procurar melhorias contínuas na satisfação dos clientes.	Índice de satisfação dos clientes da empresa.	Atingir no mínimo ...	30	3	90
Específico	Alcançar os resultados Econômicos/Financeiros previstos.	Faturamento previsto para a unidade.	Atingir no mínimo ...	10	4	40
Específico	Obter a eficiência e a eficácia no resultado operacional da unidade	Índice de produtividade.	Atingir no mínimo ...	10	4	40
Específico	Procurar melhorias contínuas na satisfação dos clientes.	Índice de satisfação dos clientes com os produtos da unidade.	Atingir no mínimo ...	20	4	80
			Total de Pontos:			**355**
			Conceito:			**A**

Quadro 8
Instrumento para Acompanhamento Individual

Funcionário:			
Unidade:			
Tendo em vista os objetivos propostos e os resultados obtidos pela equipe, qual foi o comportamento e contribuição do colaborador, durante o semestre?			
FATORES	**INDICADOR**		
	-	**NORMAL**	**+**
Execução das atividades propostas para consecução dos objetivos.			
Interesse e preocupação na consecução dos objetivos.			
Relacionamento com o grupo para a consecução dos objetivos.			
Cooperação com o grupo para a consecução dos objetivos.			
Planejamento das estratégias de ação para consecução dos objetivos.			
Organização do trabalho para a consecução dos objetivos.			
Tomada de decisão para a consecução dos objetivos.			
FATOS MARCANTES DE DESEMPENHO ABAIXO DO ESPERADO:			
FATOS MARCANTES DE DESEMPENHO ACIMA DO ESPERADO:			

PLANO DE AÇÃO — DESEMPENHO ABAIXO DO ESPERADO:		
PROBLEMA	**AÇÕES**	
CONHECIMENTO DA ATIVIDADE	Treinamento na execução do trabalho.	
	Treinamento formal.	
	Orientação mais detalhada.	
ATITUDES	Aconselhamento.	
OUTROS		

PLANO DE AÇÃO — DESEMPENHO ACIMA DO ESPERADO:	
AÇÕES	
Atribuição de missões mais importantes.	
Treinamento para atribuição de atividades mais importantes.	
Outras.	
Data: / / **Assinatura do líder:**	

Se as empresas necessitam tanto do trabalho e espírito de equipe, a melhor maneira de proporcioná-lo é atribuir responsabilidades em equipe e premiar o esforço dessa equipe. A maior dicotomia que percebemos nas empresas é justamente a seguinte: as organizações necessitam que as pessoas trabalhem em equipe, porém mantêm programas de gestão de pessoal exclusivamente conforme conceito individualista. Se as empresas desejam trabalho e espírito de equipe, obrigatoriamente os programas de gestão de pessoal a serem implementados devem estimular e fortalecer esse tipo de situação. Dessa forma, o programa de avaliação por resultados irá estimular o trabalho em equipe, conforme necessidade das organizações, e o instrumento de acompanhamento individual irá suprir as necessidades de eventuais ações junto aos membros da equipe.

Enquanto processo contínuo e sistemático, o programa de acompanhamento e avaliação de resultados não deve ocorrer somente ao final de um período. Deve situar-se em um *continuum*, permeando momentos: anteriores ao estabelecimento dos objetivos, de modo a verificar condições de trabalho necessárias; do próprio processo, a fim de promover melhorias; e finais, que permitam decisões sobre a qualidade do resultado.

A avaliação de resultados é considerada meio de coleta de informações para a melhoria das ações organizacionais e dos diversos profissionais, tendo funções de orientação, apoio, assessoria, e não apenas de fornecer informações para a decisão final a respeito do alcance dos objetivos estabelecidos. Dessa forma, o processo é concebido com base na pressuposição de que o programa deve levar à superação de barreiras, à qualidade e à produtividade da empresa.

Algumas empresas podem sentir, inicialmente, certa dificuldade em mensurar indicadores de qualidade e produtividade. Se uma empresa não puder mensurar um indicador, não será possível fazer uma avaliação dentro dos moldes propostos, e, o que é pior, deixará de alcançar ganhos em seus processos. Sem uma avaliação efetiva dos indicadores, não é possível conhecer as perdas e ganhos, buscar melhorias e verificar o desempenho efetivo das equipes de trabalho.

A definição clara de objetivos, indicadores e padrões de desempenho fornecerá o tônico necessário para estimular o trabalho em equipe, alcançar melhores desempenhos e propiciar *feedback* de seus resultados. Para que isso ocorra, é necessário que a definição dos objetivos, indicadores e padrões de desempenho seja estabelecida de forma participativa, e, normalmente, os padrões são fixados acima do que os líderes proporiam se o processo derivasse exclusivamente da linha hierárquica superior da organização.

Todo o esforço será em vão, desde a definição de objetivos, indicadores e padrões de desempenho, negociação destes com as equipes, o incentivo do trabalho em equipe para a melhoria da produtividade, qualidade e satisfação dos clientes, se não houver transparência dos resultados conseguidos nas empresas. Se não houver transparência na demonstração de relatórios financeiros, dados de produtividade ou de qualidade, desde que exigidos para apuração dos padrões de desempenho dos indicadores, não há a menor dúvida de que o esforço terá sido inútil. Assim, a escolha dos indicadores deve contemplar inclusive essa questão, e, se certo dado não puder ser divulgado, qualquer que seja o motivo, o indicador que dependa desse dado não poderá ser projetado no programa.

Os resultados desse tipo de programa aparecem por meio do comprometimento das pessoas com o alcance e superação dos padrões de desempenho, associados aos indicadores macroorganizacionais sugeridos, e no fortalecimento das relações do trabalho, uma vez que as pessoas são avaliadas e recompensadas por um instrumento objetivo.

Instrumentos de acompanhamento e avaliação de resultados

Os instrumentos utilizados no programa de acompanhamento e avaliação de resultados são apenas três: planilha para fixação dos objetivos, indicadores e padrões de desempenho das equipes e que servirá também para a avaliação final, relatório para acompanhamento mensal dos padrões de desempenho alcançados em relação aos combinados e instrumento para acompanhamento individual.

Avaliação de equipes por meio de fatores comportamentais

Como vimos, a avaliação de equipes por meio da metodologia de acompanhamento e avaliação de resultados é totalmente objetiva e direcionada diretamente à melhoria de aspectos do negócio. A equipe, também, pode ser avaliada em função do seu comportamento, através de competências. As competências, nesse caso são semelhantes àquelas aplicadas ao indivíduo e já discutidas anteriormente. Não há ganho na aplicação única de metodologia de avaliação de equipes por competências, em relação a uma avaliação individual, uma vez que vai recair nos mesmos problemas já discutidos na avaliação individual (subjetividade e propensões do avaliador).

No entanto, a avaliação por competência de equipe associada à metodologia de acompanhamento e avaliação de resultados, torna o processo de avaliação interessante. As causas de um bom ou mau resultado da equipe podem ser exploradas por fatores de competência. A forma como a equipe planejou, tomou decisões, repassou o conhecimento entre os colegas, comunicou, podem ter influenciado nos resultados. A análise desses fatores pode resultar em melhorias nos planos de ação da equipe para os próximos períodos de avaliação, como também na forma como os membros da equipe interagem, principalmente se elaborada pela própria equipe (auto-avaliação).

A metodologia de acompanhamento e avaliação de resultados combina, também, com a avaliação de 360 graus. A primeira sendo usada como método específico de gerenciamento coletivo de desempenho e a segunda como método de *feedback* individual para fins de desenvolvimento.

Perguntas para revisão e discussão

1. Quais são os elementos importantes para o trabalho de equipe?
2. Por que um instrumento de avaliação de desempenho individual pode servir de desestímulo ao trabalho em equipe?
3. Qual a estrutura do programa de acompanhamento e avaliação de resultados?
4. Quais são os princípios fundamentais do programa de acompanhamento e avaliação de resultados?
5. Quais as diferenças entre os programas de avaliação por objetivos e avaliação por resultados?
6. Explique como combinar o acompanhamento e avaliação por resultados com a avaliação de competência de equipe.

Exercícios

1. Nas questões apresentadas no quadro abaixo indique com *"o"* quando o enunciado for um objetivo, com *"i"* quando representar um indicador e com *"p"* quando se referir a um padrão de desempenho. Responda com base nas definições propostas neste capítulo.

Elaborar a folha de pagamentos.	
Reduzir em 25% o valor do custo do processo.	
Prazo.	
Índice de produtividade.	
Conseguir melhorias nos resultados organizacionais.	
Conseguir índice de produtividade de no mínimo 0,96.	
Número de produtos fabricados.	
Desenvolver pesquisa de necessidades dos clientes.	
Porcentagem de empresas atendidas.	
Terminar o programa, até dezembro.	
Atender, no mínimo, 350 empresas.	

2. São dados 10 enunciados estratégicos. Para cada um dos enunciados estratégicos fornecidos, estabeleça um objetivo que contenha no mínimo dois indicadores e respectivos padrões de desempenho, observando os conceitos narrados no capítulo.

a) Superar as expectativas de nossos clientes.

b) Aumentar a fatia de nossa atuação no mercado.

c) Melhorar a qualidade de nossas relações com clientes e fornecedores.

d) Melhorar a relação da empresa com os funcionários, valorizando o desenvolvimento profissional.

e) Estabelecer um processo ético em tudo que fazemos.

f) Melhorar a qualidade de nossos produtos e serviços.

g) Propiciar qualidade de vida no trabalho.

h) Estabelecer processo de transparência em nossas comunicações e informações, tanto em nível interno quanto externo.

i) Simplificar processos de trabalho que gerem reduções nos custos finais.

j) Desenvolver novos produtos que melhorem a rentabilidade.

3. Desenvolva um projeto de acompanhamento e Avaliação de Resultados, contendo:

Sumário da metodologia;

Público-alvo;

Instrumento(s) a ser(em) aplicado(s);

Programa de treinamento a ser desenvolvido para os líderes e avaliados;

Etapas para implantação;

Cronograma para implantação;

Custo estimado para implantação;

Vantagens para a empresa com a aplicação da proposta.

4. A diretoria executiva da empresa Team S/A. concluiu que o clima de trabalho na organização é muito competitivo, com rivalidades entre áreas que refletem nos resultados. De comum acordo, entre os participantes da diretoria executiva, mas sem qualquer envolvimento com os demais membros da organização foi tomada a decisão da instituição do trabalho em equipe e para sustentar a idéia a implantação de um programa de acompanhamento e avaliação de resultados. A medida foi comunicada por *e-mail.*

***E-mail* do Presidente:**

Prezados talentos,

Como é do conhecimento de todos, divulgamos recentemente nossa visão e missão. Portanto, fica instituído o trabalho em equipe, e a avaliação também passa a ser a de resultados por equipe, a partir desta data.

Desejo, sinceramente, sucesso a todos.

A unidade de RH, também enviou o seguinte *e-mail*

***E-mail* da área de RH:**

Prezados talentos,

Como é do conhecimento de todos, o Presidente informou a instituição do trabalho em equipe e do programa de acompanhamento e avaliação de resultados, cujas diretrizes estão na intranet da empresa.

Esperamos a compreensão e engajamento de todos nesse programa.

Algum tempo mais tarde.

***E-mail* da área de RH:**

Prezados talentos,

Como é do conhecimento de todos, o Presidente informou a instituição do trabalho em equipe e do programa de acompanhamento e avaliação de resultados, por meio de *e-mail* anterior.

Como alguns de nossos talentos não "colaboraram" para que isso fosse possível, infelizmente, tivemos que tomar medidas imediatas para que os programas não sofressem descontinuidade.

Essas pessoas foram desligadas da Team S/A.

Esperamos a compreensão e engajamento de todos nesses programas.

Mais algum tempo:

***E-mail* da área de produção para a área de materiais, com cópia para o Presidente e unidade de RH:**

Caro membro da Team,

O projeto "Z" será terminado fora do prazo, uma vez que vocês não realizaram a compra de materiais necessários.

Para variar, trabalhamos muito, e vocês não cumpriram com as suas responsabilidades.

Os clientes ficarão uma "fera".

Estamos "lavando nossas mãos". Esperamos que isso não refita na avaliação dos membros de nossa equipe, porque não temos culpa dos atos inconseqüentes de outras áreas.

Um abraço.

***E-mail* de um colaborador para seu líder:**

Caro membro da Team,

Estou solicitando minha demissão, porque não agüento mais a falta de colaboração nessa empresa. Como é do conhecimento de todos, os projetos estão atrasados e os clientes estão impacientes, e não quero ter uma mancha negra em meu currículo.

Foi ótimo ter trabalhado aqui, e quero, sinceramente, agradecer pela oportunidade oferecida.

Um abraço.

Não é necessário terminar ...

a. Qual a sua opinião sobre o caso?

b. Como deveria ter sido instituída a forma de trabalhar em equipe?

c. Como deveria ter sido implantado o programa de acompanhamento e avaliação de resultados?

5. Como acontece em todas as equipes esportivas, o treinador de uma equipe de futebol reúne-se com seus jogadores, antes da partida, para dar-lhes as instruções finais e combinar as jogadas.

Durante o primeiro tempo da partida, o jogo se desenvolve de uma forma diferente daquela esperada. Os jogadores no intervalo aguardam o treinador para novas instruções. Porém, o treinador está demasiadamente ocupado com outras tarefas que ele julga serem mais importantes naquele momento. Os membros da equipe iniciam uma discussão sem a presença do técnico. O goleiro reivindica o direito de utilizar um goleiro assistente. Os zagueiros querem passar a bola aos meio-campistas mediante um acordo por escrito. Os atacantes acham que o problema está na torcida.

Não é necessário terminar...

a. Qual a sua opinião sobre o caso?

b. Fazendo analogia com uma empresa na qual os jogadores de defesa, meio-campo e ataque representam os departamentos, analise: o papel do líder no desenvolvimento do trabalho de equipe, o conflito entre departamentos, a assunção de responsabilidades, o efeito da burocracia, os conflitos de interesse e busca de desculpas por não cumprimento de resultados, que podem interferir no trabalho de equipe e por sua vez refletir no processo do programa de acompanhamento e avaliação de resultados.

CAPÍTULO 8

A RETROINFORMAÇÃO

"Os comentários do líder nunca podem
cair em um nível punitivo e pessoal.
Ao contrário, a meta de todo *feedback* é tornar
o subordinado tão competente quanto possível."

David L. Bradford e
Allan R. Cohen

Objetivos do capítulo

- **Mostrar a importância da retroinformação do desempenho.**
- **Verificar o processo de comunicação.**
- **Descrever o processo da retroinformação na avaliação.**

A importância da retroinformação do desempenho no trabalho

Imaginem uma situação: certo indivíduo chega cedo à empresa, trabalha duro durante todo o dia e vai embora ao final da tarde. Esse nosso indivíduo cumpre essa mesma rotina todos os dias. Isso acontece com a maioria das pessoas que trabalham em uma organização. Só que com esse nosso indivíduo acontece algo diferente: "o líder da equipe em que nosso indivíduo trabalha nunca lhe forneceu nenhum tipo de *feedback* sobre seu desempenho". Ele não sabe se o seu esforço diário é bom ou não. Ele nunca recebeu qualquer elogio pelo que fez, como também nenhuma repreensão. O nosso indivíduo pode imaginar que o trabalho que executa é bom, mas na percepção do líder da equipe pode não ser, como também nosso indivíduo pode achar que executa seu trabalho de forma razoável e, na ótica do líder, de forma positiva. Bem, nessa situação, cada um pode pensar o que quiser; afinal, nunca sentaram para discutir esse assunto. Espero, sinceramente, que essa situação não aconteça com nenhum de nossos leitores, porque é muito ruim trabalhar em uma organização sem o conhecimento de "como estamos indo".

O processo de comunicação é a essência da avaliação de desempenho. Além de atender esse aspecto psicológico, todos nós queremos saber como estamos indo, e a retroinformação orienta o desempenho dos funcionários na direção dos objetivos da empresa. A retroinformação, quando franca e orientativa, vai permitir um relacionamento mais próximo entre o líder e a equipe de trabalho, e ajuda a criar um clima positivo no trabalho. Quando os resultados não são satisfatórios, a retroinformação, se efetuada no sentido da orientação, irá contribuir com a melhoria desse desempenho. E, quando os resultados são positivos, ela irá contribuir com a consolidação desse desempenho positivo.

Dessa forma, a avaliação do desempenho é, antes de mais nada, um processo de comunicação. E para que a retroinformação de desempenho seja positiva é necessário estar certo de que existe comunicação. Vários fatores podem atrapalhar o processo de comunicação, como, por exemplo, todos os efeitos observados nas propensões do avaliador, tratados no Capítulo 3, o preconceito pessoal, o efeito halo e a recentidade. Também atrapalha esse processo de comunicação quando o líder não tem o devido e necessário tempo para despender com o processo em si. É um caso bastante comum: o líder, em vez de dedicar o seu tempo à sua função de educador, passa a ocupá-lo em atividades técnicas. O tempo necessário para o estabelecimento de um processo de comunicação se evapora, e os problemas nessa área começam a surgir. Para facilitar esse processo de comunicação, portanto, é necessário ter tempo; além disso, uma discussão franca, aberta e de duas vias é importante. Uma outra questão que ajuda é a admissão de enganos. Muitas vezes falamos sobre um desempenho com um indivíduo sob a nossa ótica, mas enquanto conversamos percebemos o outro lado da questão, que não tínhamos observado com maior atenção. Se permanecermos com a nossa opinião rígida, "sem dar o braço a torcer", lá se foi o processo de comunicação. A admissão do engano é um importante auxílio no estabelecimento do processo franco de comunicação.

O processo de comunicação

Quando falamos em comunicação, pensamos logo no processo no qual duas ou mais pessoas falam, escrevem ou lêem. No entanto, grande parte do processo de comunicação é desenvolvida por outros meios, além das simples palavras. Segundo *Giegold*, "termos esotéricos como proxêmica, cinestesia, cronêmica e paralingüística entraram no vocabulário em anos recentes, a fim de descreverem muitos tipos de comportamento comunicativo não-verbal (grande parte não intencional) que facilitam ou inibem interação produtiva".[(53)] A comunicação não-verbal pode auxiliar ou atrapalhar, também no processo de comunicação. Quatro fatores da comunicação não-verbal merecem destaque. Segundo, ainda, *Giegold*, as definições para esses fatores são:

- "Proxêmica — é o estudo dos relacionamentos espaciais entre dois comunicadores.

(53) GIEGOLD, William C. *Administração por Objetivos: uma Abordagem de Instrução Programada*. São Paulo: McGraw-Hill, 1980, vol. III.

• Cinestesia — é o estudo da linguagem do corpo, dos movimentos e das posições que transmitem as emoções e os sentimentos das partes.

• Cronêmica — é o estudo do ritmo da entrevista (conforme seja estabelecido pelo entrevistador), e o uso da pausa. O ritmo lento, deliberado, tem menor probabilidade de transmitir uma sensação de tensão e de ansiedade por parte do entrevistador, ou de produzir esses mesmos sentimentos no respondente.

• Paralingüística — é o estudo da maneira em que as palavras são faladas. Há mudança de significado pela ênfase na palavra".[54]

O *layout* do local de trabalho pode ter influência no processo de comunicação, em termos do que é abordado na questão da proxêmica. Por exemplo, se o *layout* coloca o gerente dentro de uma sala fechada e isolada, haverá barreiras no processo de comunicação entre o gerente e os membros de sua equipe, sendo necessário passar por pelo menos duas barreiras, a secretária e a porta. Quando entramos na sala, outras barreiras se impõem, como, por exemplo, a cadeira do gerente é maior do que a de seu interlocutor, a mesa é enorme. Todas essas barreiras transmitem uma sensação de poder adicional ao gerente, colocando seu interlocutor numa posição de inferioridade. Fatalmente isso irá entravar o processo de comunicação e nada adiantará profetizar uma política de "portas abertas" se, na realidade, as barreiras físicas vêm contradizer essa política. Outro exemplo interessante são os escritórios verticais, em que, normalmente, os diretores ficam situados no último andar, quase inacessíveis por tantas barreiras de portaria, elevadores, secretárias e portas fechadas. Já a concepção de *layout* de escritórios abertos facilita o processo de comunicação, pela não-existência de barreiras artificiais.

Na cinestesia, a interpretação dos movimentos corporais, que transmitem emoções, facilita o processo de comunicação. Os sinais entre as pessoas transmitem se está ou não havendo comunicação. Por exemplo, a pessoa pode estar dizendo sim, verbalmente, quando seu corpo diz não; pode apresentar sinais de tensão, como o torcer das mãos, ou a contração rítmica dos maxilares, entre tantos outros sinais. A arte está em que os interlocutores consigam interpretar esses sinais, modificando suas formas de comunicação, buscando melhoria desse processo.

Na cronêmica, conforme já observado, o ritmo mais lento, no processo de comunicação, deve levar a menor sensação de tensão

(54) *Idem, ibidem.*

do que um ritmo acelerado. O silêncio pode ser usado de forma "mortal" no processo de comunicação ou como forma de amenizar a ansiedade.

Na paralingüística, a forma como são pronunciadas certas palavras ou frases pode levar a diversas interpretações, com significados até mesmo antagônicos. Quem nunca se viu diante de um "duelo de palavras"? "Você disse isso!"; "Mas eu não quis dizer isso!"; "Mas que você disse, você disse!"... Por exemplo, a forma como é pronunciado o "sim" pode indicar "sucessivamente descrença, desejo de mais informação, raiva, aceitação compreensiva, condescendência, impaciência e pressa".(55)

Avaliar desempenho nada mais é do que fornecer o *feedback* construtivo, tanto no dia-a-dia quanto nas reuniões formais para esse fim. Sem essa característica do relacionamento não existe programa positivo de avaliação de desempenho, qualquer que seja a metodologia adotada.

O momento culminante de um processo de administração de desempenho é a reunião final de avaliação dos resultados, e por isso a utilização da franqueza no *feedback* diário irá facilitar, consideravelmente, esse momento, espelhando uma relação honesta entre o líder e os membros de sua equipe de trabalho. Conforme *McGregor*, "a menos que haja um antagonismo pessoal básico entre os dois (caso em que o relacionamento deve ser encerrado), o superior pode realizar essas entrevistas de forma que ambos se dediquem ativamente à procura da base certa para uma ação construtiva. Todos saem ganhando: a organização, o chefe e o subordinado. Nessas circunstâncias, as oportunidades de aprendizagem e real desenvolvimento são, para ambas as partes, as maiores possíveis".(56)

Se adotada uma metodologia de avaliação individual, como, por exemplo, a avaliação por objetivos, a retroinformação, tanto no dia-a-dia quanto ao final do processo, para discussão da avaliação final dos resultados, logicamente segue os parâmetros individuais.

Com a introdução de modelos de avaliação de desempenho por equipe, dentro da concepção de resultados apresentados no Capítulo 6, o processo de retroinformação, tanto no nível diário como no nível final da própria avaliação, é realizado em equipe, sendo em muito facilitado, uma vez que os fatores previstos na metodologia, além de serem extremamente objetivos, permitem acompanhamen-

---

(55) *Idem, Ibidem.*

(56) McGREGOR, Douglas. *Um Exame Preocupado ...*, cit.

to até por parte da própria equipe. Mesmo adotando uma metodologia de avaliação por equipe, algum tipo de retroinformação individual, em relação ao desempenho, tanto positivo quanto negativo, pode ser necessário, sendo, por isso, também, importante verificarmos as formas de efetuar esse processo. Deve-se ressaltar que, quando adotado um processo de avaliação por equipe, o conceito de todos os membros dessa equipe será o mesmo, independente dos desempenhos individuais. Portanto, a retroinformação individual tem o único fim de orientação.

A retroinformação individual

A retroinformação, tanto formal, como é o caso de uma entrevista para a discussão de desempenho, como informal, tem a finalidade de revisar o desempenho passado com vistas ao desempenho futuro, e para possibilitar o maior aproveitamento do potencial do funcionário. Dessa forma, a retroinformação não é um "ajuste de contas", mas uma análise construtiva do desempenho e do potencial do funcionário.

Os objetivos da retroinformação, no processo de avaliação de desempenho, devem ser:

- Abrir um canal de comunicação clara e exata entre o líder e o funcionário, por meio da construção de relações positivas em que ambos possam falar livremente sobre o trabalho;
- Fornecer ao funcionário condições para melhoria de seu desempenho no trabalho;
- Dar oportunidade ao funcionário de conhecer o que a empresa espera dele, em termos de desempenho profissional, e das razões dos indicadores e padrões de desempenho;
- Permitir ao funcionário conhecimento de como ele está desempenhando seu trabalho, comparando com os padrões de desempenho esperados pela empresa, permitindo ao líder aconselhar o funcionário para a melhoria da sua atuação profissional, no caso de desvios;
- Permitir ao funcionário discutir com seu líder formas de melhor utilizar seu potencial, propiciando o desenvolvimento profissional;
- Reduzir ansiedades e incertezas por parte do funcionário.

Para que a retroinformação atinja seus propósitos, tanto o líder como o funcionário devem ter sempre em mente o processo de comunicação, conforme verificamos.

A entrevista de avaliação de desempenho

A entrevista de avaliação de desempenho é um processo formal de retroinformação. Esse processo é composto das seguintes fases: preparação do entrevistador (líder), preparação do entrevistado (funcionário) e discussão do desempenho.

Preparação do entrevistador

A preparação do líder, para a fase da discussão do desempenho, irá ajudá-lo a manter uma comunicação mais eficaz, permitindo-lhe ser franco e específico em relação ao real desempenho do funcionário. Algumas "dicas" são úteis para essa fase de preparação:

- Analise a ficha de acompanhamento de desempenho do funcionário, verificando os resultados obtidos, os pontos fortes e fracos, e os desvios de desempenho do subordinado.
- Julgue seu próprio desempenho e analise se de alguma forma o seu comportamento pode ter contribuído para o fracasso do desempenho do funcionário. Faça perguntas como: forneci a orientação devida ao funcionário?
- Compare o desempenho do funcionário com os padrões de desempenho ou planos de ação acordados.
- Procure exemplos importantes para usá-los na entrevista, evitando ser vago e inespecífico.
- Analise os fatores que possam ter influenciado no desempenho, mas que estavam fora do controle do funcionário.
- Analise a orientação de forma geral ou, até mesmo, a ajuda fornecida ou não, e verifique se isso pode ter influenciado no desempenho do funcionário.
- Analise o grau de delegação concedido e correlacione com o desempenho do funcionário.
- Analise o conhecimento técnico, o treinamento recebido, a habilidade para o tipo de trabalho, o planejamento, a tomada de decisões, o relacionamento grupal, o desenvolvimento de pessoas e outros fatores importantes para o desempenho do cargo do funcionário.

- Analise os trabalhos realizados, os objetivos alcançados e não combinados.
- Verifique o desenvolvimento profissional do funcionário.
- Analise o futuro do funcionário na empresa.
- Anote os pontos importantes que pretende discutir.
- Marque a entrevista, com antecedência mínima de uma semana, e escolha local adequado, para não haver interrupções no momento da entrevista.

Preparação do entrevistado

Da mesma forma que a preparação do entrevistador, também a do entrevistado irá contribuir com o processo de comunicação, durante a fase de discussão do desempenho. Para permitir a preparação do entrevistado, é essencial que a entrevista seja marcada com antecedência. Algumas "dicas" também são úteis para o funcionário a ser entrevistado:

- Reflita sobre seu desempenho, os sucessos e fracassos obtidos, e sobre todos os fatos que possam ter contribuído para essas situações.
- Analise os resultados obtidos e compare com os padrões de desempenho ou planos de ação acordados.
- Reflita sobre seu crescimento profissional, os treinamentos recebidos, assim como sobre suas aptidões ou aversões quanto a certos tipos de trabalho.
- Analise as decisões tomadas, o planejamento, o relacionamento com o grupo de trabalho, o desenvolvimento de pessoas e outros fatores relevantes para o desempenho do seu cargo.

A discussão do desempenho

Para a discussão do desempenho, dentro de um processo de comunicação eficaz, algumas recomendações são também importantes. Todo o processo de retroinformação, por melhor que tenha sido o desempenho do funcionário, pode gerar alguma tensão no momento que o precede. Dessa forma, o entrevistador deve procurar obter clima favorável, antes de iniciar o *feedback*, colocando o funcionário à vontade e, ao mesmo tempo, preparando-o para o diálogo que irá seguir-se. Esse momento é de diálogo, portanto ambos devem falar e ouvir, sendo que a condução é do entrevistador. Durante esse diálogo, alguns pontos importantes devem ser observados pelo entrevistador:

- Desenvolver a autoconfiança do entrevistado, enfatizando seus comportamentos e habilidades positivas, edificando seus pontos fortes, estimulando-o a utilizar suas qualidades e aptidões para obter o máximo de seu potencial. Concentrar-se somente na melhoria dos aspectos negativos não provocará melhoria no desempenho futuro, além de provocar barreiras na comunicação. A concentração deve ser nos aspectos positivos, explorando o máximo do potencial do funcionário.
- Nunca faça falsos elogios, ainda mais para depois falar de comportamentos que não foram satisfatórios. Expressões como "você tem um desempenho excelente ou você é ótimo, mas ..." devem ser abolidas do diálogo.
- Seja franco e específico ao falar de deficiências, e somente fale sobre elas após ter lembrado o bom trabalho (se houve, de fato), para que o entrevistado não se sinta injustiçado. Nas deficiências, o seu trabalho é aconselhar e propor planos de melhoria.
- Julgue o desempenho e nunca o indivíduo. O trabalho do entrevistador não é julgar antipatias, simpatias, beleza ou quaisquer outros qualitativos individuais, mas, sim, os resultados profissionais obtidos pelo entrevistado, em relação aos objetivos combinados.
- Não utilize o diálogo como forma de expandir seu ego. Além de ser antipático e de constituir uma perda de tempo, irá erguer mais uma barreira na comunicação. Um diálogo que tem como finalidade discutir o desempenho do funcionário, monopolizar a entrevista, para falar de suas realizações ou conquistas, não é positivo. Portanto, discorra sobre o desempenho do entrevistado e ouça o que ele tem a dizer a respeito do assunto.
- A reunião é para conversar sobre o desempenho e os planos futuros, e você deve mantê-la no rumo certo, evitando desvios.
- Em um diálogo como esse, alguns pontos exigem negociação. Nas negociações estimule uma atitude "ganhar-ganhar" e não o "eu contra ele". Dessa forma, estimule a expressão nós, em vez de você. "Nós não estamos indo muito bem neste ponto". "Que tal se nós fizéssemos isso"? "Nós vamos melhorar este ponto". Essa forma coloca o entrevistador ao lado do funcionário, e este não se sente sozinho na missão. Experimente mudar a expressão nós para você e verifique a diferença.

- A análise de desempenho deve ser feita com o indivíduo e nunca para ele. Geralmente, a análise feita para a pessoa leva a comportamento reativo.
- Verifique os objetivos profissionais do funcionário.
- Projete planos para o futuro profissional do funcionário.
- Encerre o diálogo estimulando o entrevistado em seu desempenho e crescimento profissional, voltando a lembrá-lo de seus pontos positivos.
- Anote, em conjunto com o funcionário, os resultados obtidos do diálogo, assim como os planos acordados para o futuro.
- Caso o plano exija qualquer providência sua, tome-a no menor espaço de tempo possível.

A retroinformação e os níveis finais de desempenho

O resultado do trabalho desenvolvido pelo indivíduo ou pela equipe, e que culmina com uma avaliação final, pode ser positivo ou negativo, ou seja, pode ter havido o cumprimento dos objetivos, dos indicadores e dos padrões de desempenho, ou não. O importante, da metodologia de avaliação, é o processo como um todo e não a simples atribuição de um conceito final. A simples atribuição de conceitos não proporciona essa melhoria ou recuperação de desempenho. O que provoca é a forma como é realizada a retroinformação, tanto no dia-a-dia quanto na avaliação final. Conforme já vimos, de uma forma geral a retroinformação, no dia-a-dia, deve ser em forma de elogio ou de repreensão.

O elogio funciona como reforço positivo ao comportamento do funcionário ou da equipe, quando há sucesso em direção aos objetivos propostos. O funcionário ou a equipe devem sentir-se reconhecidos e orgulhosos, tendo o elogio o papel de consolidar esse comportamento positivo.

A repreensão funciona como forma de desconsolidar um comportamento negativo no trabalho. A repreensão deve ser sempre feita em relação ao comportamento e nunca sobre a pessoa. "Você é incompetente" é um ataque pessoal e não uma repreensão, que não resultará em melhoria de desempenho, mas, com certeza, provocará barreiras na comunicação. "Nós cometemos este erro, e creio que o caminho para que isso não mais ocorra seria fazermos ..." é o tipo de repreensão que auxilia na mudança desse comportamento negativo. Através da repreensão o funcionário ou a equipe devem sentir-se dispostos a mudar o comportamento negativo no trabalho. O quadro 1 resume a retroinformação voltada ao elogio e à repreensão.(57)

É importante ressaltar que um desempenho não positivo nem sempre tem como causa um comportamento negativo do funcionário ou da equipe. Quando os objetivos não foram cumpridos, é necessário que seja feita uma análise cuidadosa sobre as causas que levaram a esse desempenho. Uma vez detectada uma causa fora do controle do funcionário, deve ser preparado um plano de ação que contorne o problema, em conjunto com o funcionário ou a equipe.

Quando é adotada uma metodologia de avaliação por objetivos ou por resultados, sem dúvida todo o processo da retroinformação é em muito simplificado. É necessário envidar maiores esforços quando adotada qualquer outra metodologia, visto que as características de desempenho a serem discutidas são mais próprias do indivíduo que dos resultados do trabalho. Para finalizar, não custa salientar que a retroinformação impõe um trabalho acurado por parte dos líderes das empresas.

Quadro 1

Retroinformação: Elogio e Repreensão

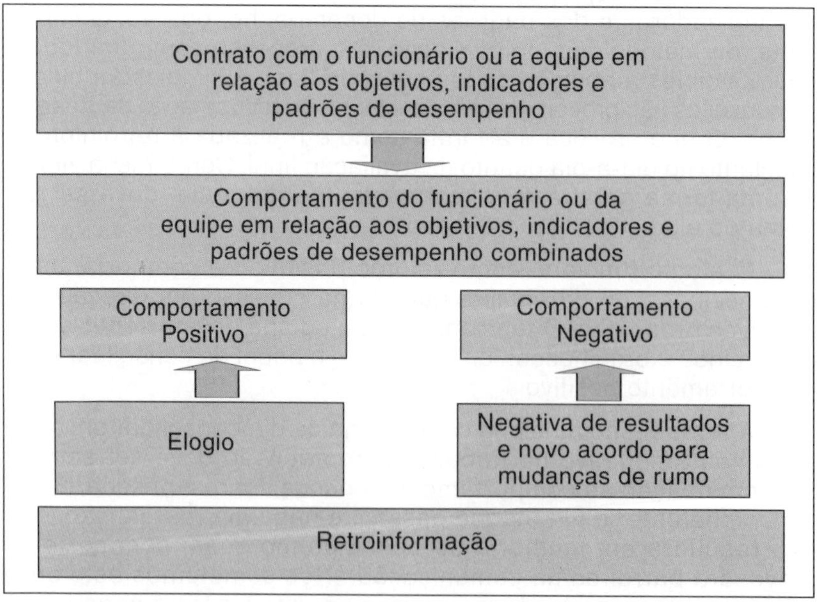

(57) N. A. Para maiores informações sobre elogio e repreensão, consulte: BLANCHARD, Kenneth e JOHNSON, Spencer, *op. cit.*

Perguntas para revisão e discussão

1. Por que é importante a retroinformação?
2. Quais são os principais facilitadores e as principais barreiras do processo de comunicação?
3. Quais são os principais pontos a serem observados em um processo de comunicação de desempenho com o funcionário?
4. Quando e como deve ser efetuado um elogio em relação ao desempenho de um funcionário?
5. Quando e como deve ser efetuada uma repreensão em relação ao desempenho do funcionário?
6. Caso o desempenho do funcionário seja negativo e haja real interesse em sua melhoria, como deve ser planejada a retroinformação?

Exercício

1. Como você planejaria a avaliação em cada uma das situações abaixo?

Situação 1

Você é o gerente de uma unidade de engenharia e tem como membro de sua equipe o Engenheiro João, que é um profissional com a missão de escrever manuais técnicos sobre controle de enchentes e proteção ambiental. Você está muito preocupado com o desenvolvimento desse profissional, por duas razões: uma, para que haja maior eficácia por parte de sua unidade, e, outra, porque você acredita que uma pessoa deve fazer o máximo com seus próprios talentos, e quer que os engenheiros façam o mesmo. Por outro lado, o engenheiro tem pouco interesse em progredir e menos ainda em ficar longe da família, para freqüentar aulas ou seminários noturnos, ou submeter-se ao estudo pesado que acompanha tais programas. Nos últimos dois anos, você e mais três membros de sua equipe fizeram um curso semelhante, que foi árduo, muito embora os resultados, em termos de conhecimento para o trabalho, tenham sido excelentes. João tem um ótimo desempenho no trabalho, e os indicadores de qualidade e quantidade chegam a ser superiores à média dos demais engenheiros do grupo. Faz dois anos que o engenheiro não faz nenhum curso de especialização. Você está para fazer a primeira avaliação global do desempenho do engenheiro, referente ao ano passado.

Situação 2

Tecnicamente, e de acordo com todas as medidas quantitativas de desempenho usadas para acompanhar a realização, o profissional está fazendo um excelente progresso em relação ao seu trabalho. A primeira revisão trimestral de progresso tem a perspectiva de ser boa. Entretanto, o gerente observou diversas questões um tanto perturbadoras que, somadas, no decorrer do trimestre, merecem discussão. O profissional, que tem como responsabilidade a produção de materiais didáticos, está deixando o *pool* de secretárias em pé de guerra, em conseqüência de suas constantes exigências de última hora (da papelada que "deveria ter sido feita ontem"). Isso parece estar produzindo um mau efeito significativo em atrasar o trabalho de outros profissionais, o qual tem sido posto à margem, para atender às demandas do profissional. Ele também é dominador e agressivo em seus relacionamentos com as secretárias e com os profissionais da equipe. Se houvesse melhor planejamento do trabalho, isso não constituiria um problema, porque os prazos foram estabelecidos com três meses de antecedência, e o uso mais eficaz de seu tempo teria permitido um fluxo mais suave da produção. O profissional, que é o mais novo do grupo, sente-se sob grande pressão para produzir, e o gerente tem uma grande responsabilidade nisso, já que ele próprio está sob pressão, embora não se sinta responsável pelos atritos causados pelo profissional. Ele julga que o profissional está assumindo excesso de encargos e fazendo muito, mas não quer desencorajar um de seus melhores realizadores. O gerente gostaria de ignorar o problema com as secretárias, mas os outros profissionais estão começando a queixar-se, já que eles também estão sob pressão, para que produzam, cumpram prazos, e acabam tendo seus trabalhos deixados para depois pelas secretárias.

O profissional manifestou desejo real de retroinformação construtiva sobre como está se desempenhando.

Se você fosse o gerente, como trataria o problema?

Situação 3

O trabalho "operação de serviço ao cliente, com a resolução de suas queixas" é muito importante, em nossa empresa. Você é o gerente dessa área. Um de seus profissionais, João, trabalha com você há dez anos. Seu trabalho, de forma geral, sempre foi bom; no entanto, com a introdução de novos produtos e com a diminuição do efetivo da área, o que gerou uma carga de trabalho maior para cada funcionário, porém de realização possível, certos aspectos do desempenho de João estão deixando a desejar. Você sente que o relacionamento dele com os clientes tem sido ríspido. Também não está tendo iniciativa e criatividade na apresentação de soluções aos problemas, como era seu costume. Você ouviu dizer que ele está tendo algum problema com sua família, provavelmente problema financeiro, o que, talvez, esteja refletindo em seu trabalho. No entanto, o relacionamento dele com a equipe de trabalho é normal. João é muito esforçado, disciplinado e cumpridor do horário. Você está pensando em replanejar a forma de atuação da área. No próximo mês, pensa em fazer mudanças, para otimizar a operação. Você está para fazer a revisão do desempenho de João.

CAPÍTULO 9

A AVALIAÇÃO E AS RECOMPENSAS SALARIAIS

"Você não pode provar uma definição.
O que você pode fazer é mostrar que ela faz sentido."

Albert Einstein

Objetivos do capítulo

- **Discorrer sobre a utilização dos métodos de avaliação de desempenho nas promoções de pessoal.**
- **Apresentar a utilização dos métodos de avaliação como parâmetros para o programa de participação dos funcionários nos lucros ou resultados da empresa.**

A utilização na promoção

Por muito tempo, propagou-se o princípio de que a avaliação de desempenho não podia ser utilizada para fins salariais. A fundamentação era que a avaliação de desempenho tinha fins de desenvolvimento e, quando utilizada para fins salariais, a essência da metodologia ficava comprometida. Na realidade, tal metodologia sempre serviu de base para as questões salariais, quando não utilizada somente com essa finalidade, apesar do discurso de desenvolvimento profissional. Muitos problemas ocorreram na sua utilização. Acreditava-se que o uso para fins salariais gerava como conseqüências distorções no método. Puro engano! O problema, conforme já vimos, era do método empregado e não de sua utilização para fins salariais. Na realidade, o que ocorria era a tentativa de consertar-se o efeito, em vez da causa do problema.

Sem dúvida alguma, a metodologia de avaliação de desempenho tem princípios de desenvolvimento não só dos funcionários como também da empresa. Todavia, por que não compensar com promoções os desempenhos brilhantes? Nada há em contrário na utilização da avaliação de desempenho com fins, também, de servir de subsídio para promoções de pessoal na empresa, desde que utilizado um método que, de fato, avalie desempenho, como é o caso da avaliação por objetivos ou de resultados. Cumpre lembrar, no entanto, que outros fatores devem ser verificados quando da concessão de promoções. Ninguém deve ser promovido simplesmente pelo fato de apresentar bom desempenho; devem-se levar em consideração, principalmente, o fator potencial e a qualificação para o cargo.

Há uma tendência de desaparecimento das faixas salariais por cargo. Assim como as empresas preconizam a utilização de cargos mais amplos, preconizam também a adoção de remuneração variável, constituída de salário fixo mais participação nos resultados, em substituição às faixas salariais. No caso de empresas que ainda adotam faixas salariais, a utilização da avaliação para propiciar o crescimento das pessoas nesses níveis salariais também é positiva. As metodologias mais recomendadas, como métodos de avaliação por objetivos ou de resultados, não sofrerão problemas por serem utilizadas com a função de parâmetros na concessão de aumentos salariais, mas sua utilização, exclusiva para esse fim, tornará incompleto o uso de todo o potencial implícito nessas metodologias.

Quando utilizados conceitos finais, conforme proposto, A (excelente), B (bom), C (regular) e D (ruim), as recompensas devem ser para os profissionais que obtiveram no mínimo conceito B, tanto nas promoções horizontais (aumentos por mérito, com utilização de faixas salariais) quanto nas promoções verticais (promoções para outros cargos).

A utilização na distribuição de resultados

Qual é o maior objetivo de uma empresa? Se respondêssemos a essa questão de forma honesta e objetiva, não teríamos a menor dúvida em afirmar que é o lucro. Para obter lucro, no entanto, é necessária a ocorrência de uma série de fatores, entre eles a qualidade como é feito o serviço ou o produto oferecido, a eficiência interna, a produtividade, o preço oferecido ao consumidor, a modernização dos processos, o nível de competitividade, entre tantos outros fatores. Quem são os responsáveis por tudo isso na empresa? As pessoas que lá trabalham. Teoricamente, as pessoas devem perceber uma remuneração para fazer o melhor possível na empresa. Mas nem sempre isso ocorre, porque existem problemas ligados à motivação salarial, ao clima interno, entre outros fatores. Vamos, então, a uma terceira questão: as pessoas, de uma forma geral, gostariam de ganhar mais? Creio que a maioria delas diria que sim. Isso nos leva a uma quarta questão: como fazer com que as pessoas contribuam mais ativamente para os resultados da empresa, melhorem sua competitividade, aumentem seu lucro, enfim, estejam mais motivadas com seus trabalhos, como se a empresa fosse delas, e que tenham o retorno desse empenho adicional? A resposta leva-nos à participação dos funcionários nos lucros da empresa. A participação dos funcionários nos lucros faz com que as pessoas sintam-se como se também fossem donas da empresa. Isso é muito positivo no ambiente de trabalho. A última questão que se segue é: qual será o parâmetro para distribuição de resultados? O desempenho da empresa e o desempenho das pessoas que lá trabalham. Portanto, para que possamos ter um programa de participação nos lucros, necessariamente precisamos adotar um método que leve à mensuração do desempenho da empresa e de seus funcionários.

Não é qualquer metodologia de avaliação de desempenho que servirá como base para adoção de um programa de participação nos lucros das empresas. Os métodos tradicionais não podem, em nenhuma hipótese, ser utilizados para esse fim, primeiro, pelas limitações dos próprios métodos, e segundo, pelos aspectos legais que regulamentam a matéria. Diz a Lei n. 10.101, de 19.12.00, que regulamenta o assunto:

Lei n. 10.101, de 19 de dezembro de 2000

Dispõe sobre a participação dos trabalhadores nos lucros ou resultados da empresa e dá outras providências.

Faço saber que o Presidente da República adotou a Medida Provisória n. 1.982-77, de 2000, que o Congresso Nacional aprovou, e eu, Antônio Carlos Magalhães, Presidente, para os efeitos do disposto no parágrafo único do art. 62 da Constituição Federal, promulgo a seguinte Lei:

Art. 1º Esta Lei regula a participação dos trabalhadores nos lucros ou resultados da empresa como instrumento de integração entre o capital e o trabalho e como incentivo à produtividade, nos termos do art. 7º, inciso XI, da Constituição.

Art. 2º A participação nos lucros ou resultados será objeto de negociação entre a empresa e seus empregados, mediante um dos procedimentos a seguir descritos, escolhidos pelas partes de comum acordo:

I — comissão escolhida pelas partes, integrada, também, por um representante indicado pelo sindicato da respectiva categoria;

II — convenção ou acordo coletivo.

§ 1º Dos instrumentos decorrentes da negociação deverão constar regras claras e objetivas quanto à fixação dos direitos substantivos da participação e das regras adjetivas, inclusive mecanismos de aferição das informações pertinentes ao cumprimento do acordado, periodicidade da distribuição, período de vigência e prazos para revisão do acordo, podendo ser considerados, entre outros, os seguintes critérios e condições:

I — índices de produtividade, qualidade ou lucratividade da empresa;

II — programas de metas, resultados e prazos, pactuados previamente.

§ 2º O instrumento de acordo celebrado será arquivado na entidade sindical dos trabalhadores.

§ 3º Não se equipara à empresa, para os fins desta Lei:

I — a pessoa física;

II — a entidade sem fins lucrativos que, cumulativamente:

a) não distribua resultados, a qualquer título, ainda que indiretamente, a dirigentes, administradores ou empresas vinculadas;

b) aplique integralmente os seus recursos em sua atividade institucional e no País;

c) destine o seu patrimônio à entidade congênere ou ao poder público, em caso de encerramento de suas atividades;

d) mantenha escrituração contábil capaz de comprovar a observância dos demais requisitos deste inciso, e das normas fiscais, comerciais e de direito econômico que lhe sejam aplicáveis.

Art. 3º A participação de que trata o art. 2º não substitui ou complementa a remuneração devida a qualquer empregado, nem constitui base de incidência de qualquer encargo trabalhista, não se lhe aplicando o princípio da habitualidade.

§ 1º Para efeito de apuração do lucro real, a pessoa jurídica poderá deduzir como despesa operacional as participações atribuídas aos empregados nos lucros ou resultados, nos termos da presente Lei, dentro do próprio exercício de sua constituição.

§ 2º É vedado o pagamento de qualquer antecipação ou distribuição de valores a título de participação nos lucros ou resultados da empresa em periodicidade inferior a um semestre civil, ou mais de duas vezes no mesmo ano civil.

§ 3º Todos os pagamentos efetuados em decorrência de planos de participação nos lucros ou resultados, mantidos espontaneamente pela empresa, poderão ser compensados com as obrigações decorrentes de acordos ou convenções coletivas de trabalho atinentes à participação nos lucros ou resultados.

§ 4º A periodicidade semestral mínima referida no § 2º poderá ser alterada pelo Poder Executivo, até 31 de dezembro de 2000, em função de eventuais impactos nas receitas tributárias.

§ 5º As participações de que trata este artigo serão tributadas na fonte, em separado dos demais rendimentos recebidos no mês, como antecipação do imposto de renda devido na declaração de rendimentos da pessoa física, competindo à pessoa jurídica a responsabilidade pela retenção e pelo recolhimento do imposto.

Art. 4º Caso a negociação visando à participação nos lucros ou resultados da empresa resulte em impasse, as partes poderão utilizar-se dos seguintes mecanismos de solução do litígio:

I — mediação;

II — arbitragem de ofertas finais.

§ 1º Considera-se arbitragem de ofertas finais aquela em que o árbitro deve restringir-se a optar pela proposta apresentada, em caráter definitivo, por uma das partes.

§ 2º O mediador ou o árbitro será escolhido de comum acordo entre as partes.

§ 3º Firmado o compromisso arbitral, não será admitida a desistência unilateral de qualquer das partes.

§ 4º O laudo arbitral terá força normativa, independentemente de homologação judicial.

Art. 5º A participação de que trata o art. 1º desta Lei, relativamente aos trabalhadores em empresas estatais, observará diretrizes específicas fixadas pelo Poder Executivo.

Parágrafo único. Consideram-se empresas estatais as empresas públicas, sociedades de economia mista, suas subsidiárias e controladas e demais empresas em que a União, direta ou indiretamente, detenha a maioria do capital social com direito a voto.

Art. 6º Fica autorizado, a partir de 9 de novembro de 1997, o trabalho aos domingos no comércio varejista em geral, observado o art. 30, inciso I, da Constituição.

Parágrafo único. O repouso semanal remunerado deverá coincidir, pelo menos uma vez no período máximo de quatro semanas, com o domingo, respeitadas as demais normas de proteção ao trabalho e outras previstas em acordo ou convenção coletiva.

Art. 7º Ficam convalidados os atos praticados com base na Medida Provisória n. 1.982-76, de 26 de outubro de 2000.

Art. 8º Esta Lei entra em vigor na data de sua publicação.

Senador *Antônio Carlos Magalhães*, Presidente.

No caso da adoção de participação nos lucros, com premissas de pagamento individual, a metodologia de avaliação por objetivos é a melhor que poderia servir como base para esse programa. Se o critério para a participação nos lucros for coletivo, sem nenhuma dúvida o método de avaliação por resultados é o melhor. A avaliação de resultados alcança sua magnitude quando também utilizada para esse fim, dados seus enunciados.

Como vimos, o programa de avaliação por resultados está calcado, justamente, em indicadores macroorganizacionais. São propostos resultados econômico-financeiros, como receitas, custos e lucros, resultado de pesquisas de satisfação de clientes e resultados operacionais, que levam em consideração aspectos da qualidade e produtividade. Por ser um programa mais amplo, associado ao programa de participação nos resultados, além de atender os objetivos da empresa, leva as pessoas a refletirem sobre os processos de trabalho e a se preocuparem com todos os aspectos relevantes para o sucesso contínuo da organização, no qual ganhe a empresa, através das melhorias, como também os funcionários, pelo adicional percebido. Esse programa, na realidade, procura, por meio do comprometimento das pessoas, com base no trabalho de equipe, o alcance de resultados para a empresa.[58]

Para que a empresa seja beneficiada, em relação aos aspectos da não-incidência de encargos trabalhistas e previdenciários e em relação ao princípio da não-habitualidade sobre a parcela de participação dos trabalhadores nos lucros ou resultados da empresa, é necessário um acordo com os funcionários sobre as bases dessa participação. Essa é a principal vantagem na utilização da metodologia de avaliação de resultados como base dessa negociação.

O critério para distribuição dos resultados deve seguir duas premissas básicas. Primeira, haver resultados no nível da empresa, independente dos resultados conseguidos pelas equipes. Isso quer dizer que, se não houver resultados macroorganizacionais, não deve haver distribuição de resultados para nenhuma equipe. Porque é necessário, como dissemos, ao discorrer sobre a metodologia, que impere o espírito de equipe em relação ao sucesso da empresa como um todo. Esse é um princípio fundamental do programa, que não pode ser desprezado, qual seja sua aplicação. Em havendo resultados, em âmbito macroorganizacional, é distribuída a parcela que fora acordada, tendo em vista os resultados de cada uma das equipes.

O quadro 1 mostra uma síntese do processo para a distribuição dos resultados.

---

(58) N. A. Para maiores informações sobre participação nos lucros da empresa consulte: PONTES, B. R. *A Competitividade e a Remuneração Flexível.* São Paulo: LTr, 1995.

Quadro 1

Síntese do Processo da Distribuição dos Resultados

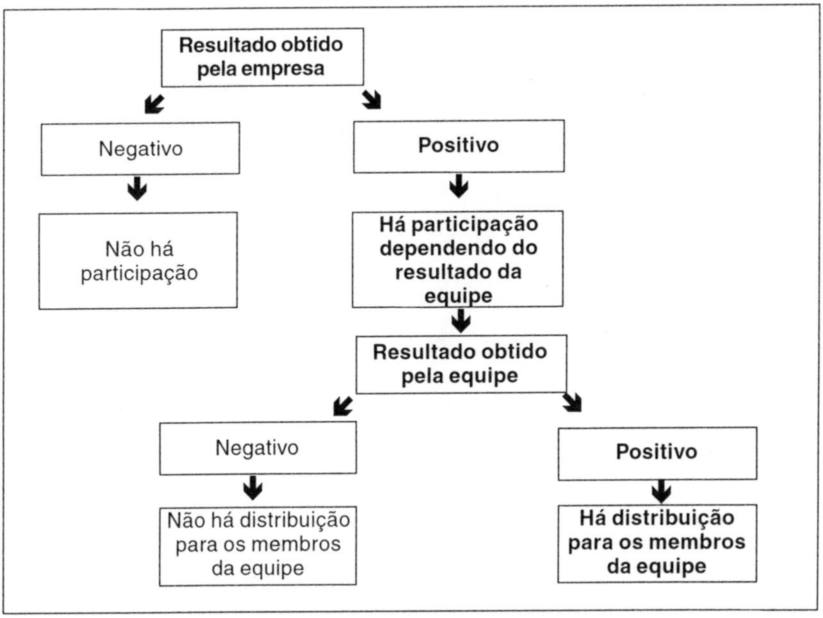

Perguntas para revisão e discussão

1. Por que é problemática a utilização dos métodos tradicionais em promoções de funcionários?
2. Como os métodos de avaliação por objetivos e de resultados podem ser empregados nas promoções?
3. Por que a utilização do método de resultados é melhor para servir de parâmetro ao programa de participação nos resultados?
4. Revendo os pressupostos do método de avaliação de resultados, por que o autor tem a preocupação de recomendar a distribuição de lucros às equipes somente se houver resultados globais no nível da empresa?

CAPÍTULO 10

A AVALIAÇÃO DE DESEMPENHO NO CENÁRIO BRASILEIRO

"Na hora da verdade, você aposta em pessoas, não nas estratégias."

Larry Bassidy
CEO, Allied Signal

Objetivos do capítulo

- **Discutir os modelos de avaliação frente à realidade competitiva.**

A realidade competitiva

A realidade competitiva, por que passam as empresas brasileiras, acrescida, ainda, de um cenário de certa recessão, impõe, a exemplo de empresas situadas em outros países, que enfrentaram problemas semelhantes, a busca de soluções internas para melhorar sua situação.

No âmbito interno, para provocar processos de melhoria, os modelos rígidos devem ser substituídos por flexíveis, os processos decisórios transferidos para bem próximo, em que os fatos acontecem, e, para isso, parcela grande de níveis hierárquicos intermediários deve ser eliminada, e escutar a opinião do cliente torna-se função vital. A busca incessante por produtividade, qualidade, satisfação do cliente, revisão dos processos, para eliminação de qualquer desperdício, é a tônica para a sobrevivência da empresa.

Com o intuito de melhorar a empresa, os empresários necessitam das soluções criativas das pessoas e, para manutenção de seus empregos, as pessoas percebem que a única saída é a empresa ser bem-sucedida, e, para isso, a cooperação entre as partes é fundamental. O antagonismo sendo substituído pela cooperação! Um exemplo marcante é do antagonismo de poder entre dirigentes empresariais e de sindicatos, que foi marca de um passado recente, no país, está sendo substituído, também, por modelos voltados à cooperação. É verificar os acordos recentes entre empresas e sindicatos, que passaram a negociar a jornada flexível, polivalência do trabalho, com o deslocamento de trabalhadores para outras funções que não aquelas constantes em contrato de trabalho, desconto maior dos benefícios oferecidos para os funcionários, para diminuir custos da empresa, como por exemplo o acordo entre a FORD e o Sindicato dos Metalúrgicos do ABC[59], e, mais recentemente, entre esse próprio Sindicato e a Volkswagen, também, no ABC. Os tempos mudaram e a cooperação entre as partes tem sido uma necessidade, até como forma de afastar o fantasma do desemprego.

---

(59) Acordo entre a Empresa Ford do Brasil e o Sindicato dos Metalúrgicos do ABC, outubro/95.

Novas idéias sobre avaliação

Para consolidar um modelo cooperativo entre empresas e funcionários, é necessário a construção de uma via de mão dupla, na qual ganhem a empresa e os funcionários. A avaliação de desempenho pode ser um excelente instrumento que favoreça e estimule um modelo de cooperação entre as partes na negociação de objetivos claros, que permita a empresa conquistar seus resultados e que os funcionários ganhem parte dos resultados alcançados, além de poderem contar com o trabalho em uma empresa que se desenvolve de forma sustentada. Nesse sentido, quando os objetivos da avaliação de desempenho são obtidos, todos saem ganhando, a empresa e seus funcionários.

As empresas, além de contarem com o antigo, porém eficiente método de avaliação por objetivos, podem utilizar novas técnicas de avaliação, como a avaliação 360 graus, e o formato que propomos de acompanhar e avaliar resultados de equipes em substituição aos modelos clássicos de avaliação, que não mais correspondem às necessidades das empresas.

Algo além do acompanhamento e avaliação de resultados

A aplicação da metodologia de acompanhamento e avaliação de resultados pode se tornar um precioso instrumento para a melhoria do desempenho da empresa. Mas, dificilmente, a utilização de quaisquer metodologias tradicionais de avaliação de desempenho trará esse processo de melhoria de resultados e cooperação entre as partes. Adotar uma metodologia como a de acompanhamento e avaliação de resultados, dentro dos moldes propostos, sem dúvida, refletirá nas melhorias internas, tão ensejadas. Entretanto, somente isso não é suficiente, sob pena de construirmos uma via de mão única, em que o processo acabará por exaurir-se. Faz-se necessário uma aposta maior, "a de que as pessoas farão a diferença", e desta forma manter outros projetos que estimulem a perspectiva de desenvolvimento e carreira, investimento forte em capacitação profissional, manutenção de clima positivo e a utilização da participação nos resultados. Além de tudo, estimular constantemente o trabalho de equipe, pois vale a pena acreditar que "todas as equipes têm potencial para o sucesso, mas nem todas se tornaram campeãs nas olimpíadas, mas com certeza poderão conseguir excelentes marcos e sucesso, que resultarão em marcos e sucesso para a empresa". Nesse sentido, a metodologia de acompanhamento e avaliação de resultados, é um poderoso instrumento de auxílio.

REFERÊNCIAS BIBLIOGRÁFICAS

- ALCÂNTARA, Eurípedes. "O Capital Segundo Jack", *in Revista Veja.* São Paulo: abril, edição 1717, 12/setembro/2001.
- AMARO, Rolim A. "Carta do Presidente". São Paulo, outubro/1995.
- ANTHONY, R. N. "Planning and Control Systems: a Framework for Analysis", Graduate School of Business Administration. Boston: Harvard University, 1965.
- BERNARDO, José Vicente. "Agora é o funcionário quem avalia o chefe", *in Jornal Folha de S. Paulo.* São Paulo, 4/dezembro/1994.
- BLANCHARD, Kenneth e JOHNSON, Spencer. *O Gerente Minuto.* Rio de Janeiro: Record, 1981.
- BLANCHARD, Kenneth; ZIGARMI, Patrícia e ZIGARMI, Dréa. *Liderança e Gerente Minuto.* Rio de Janeiro: Editora Record, 1986.
- CASTANHEIRA, Joaquim. "Procuram-se Executivos Loucamente", *in Revista Exame.* São Paulo: Abril, edição 571, 23/novembro/1994.
- CHIAVENATO, Idalberto. *Recursos Humanos — Edição Compacta.* São Paulo: Atlas, 1983.

  __________. *Teoria Geral de Administração.* 3ª ed., vol. 2. São Paulo: McGraw-Hill, 1987.
- CHOWDHURY, Subir. *A Era do Talento.* São Paulo: Editora Pearson Education, 2003.
- CONNELLAN, Thomas K. *Fator Humano e Desempenho Empresarial.* São Paulo: Harper & Row do Brasil, 1984.
- COSTA, Flávio. "O Arenque Encolhe para Tomar Fôlego", *in Revista Exame.* São Paulo: Abril, edição 569, 26/outubro/1994.
- DEAL, Terrence E. e KENNEDY, Allen A. *Corporate Culture: The Rites and Rituals of Corporate Life.* Reading M. A.: Addison Wesley, 1982.
- DRUCKER, Peter F. *The Practice of Management.* New York: Harper & Brothers, 1954.
- EDWARDS, Mark R. e EWEN, Ann J. *Feedback* de 360 Graus, *in Revista HSM Management.* São Paulo, 6/janeiro/1998.
- FLEURY, Maria Tereza L. e FISCHER, Rosa M. (coord.). *Cultura e Poder nas Organizações.* São Paulo: Atlas, 1996.
- GIEGOLD, William C. *Administração por Objetivos: Uma Abordagem de Instrução Programada,* vol. III. São Paulo: McGraw-Hill, 1980.

- GROTE, Dick. "O *Ranking* Compulsório", *in HSM Manegement.* São Paulo, maio/junho/2003.
- HAMPTON, David R. *Administração Contemporânea*, 2ª ed. São Paulo: McGraw-Hill, 1983.
- HERSEY, Paul e BLANCHARD, Kenneth. *O que está faltando à APO?* São Paulo: Management Review, outubro/1974.

  __________. *Psicologia para Administradores — A Teoria e as Técnicas de Liderança Situacional.* São Paulo: E.P.U., 1986.
- LEVINSON, Harry. *Administração pelos Objetivos de Quem?* artigo 6, vol. 1. São Paulo: Biblioteca Harvard de Administração de Empresas, 1975.
- LIMA, João Gabriel. "A Descoberta do Talento", *in Revista Veja.* São Paulo, edição 1860, 30/abril/2004.
- LOBOS, Júlio A. *Administração de Recursos Humanos.* São Paulo: Atlas, 1979.
- MAQUIAVEL, Nicolau. *O Príncipe — Estudos.* Brasília: Universidade de Brasília, 1979.
- McGREGOR, Douglas. *Os Aspectos Humanos da Empresa.* Portugal: Livraria Clássica Editora, 1960.

  __________. *Um Exame Preocupado da Avaliação de Desempenho,* artigo 10, vol. 3. São Paulo: Biblioteca Harvard de Administração de Empresas, 1975.
- ODIORNE, G. S. *Management by Objectives.* New York: Pitman, 1965.
- OLIVEIRA, Martins. "Os Riscos da Avaliação 360 graus". *In Melhores Práticas — As Melhores Empresas para Você Trabalhar,* edição 12/maio de 2004 [www.melhorespraticas.com.br].
- OUCHI, William. *Teoria Z — Como as Empresas Podem Enfrentar o Desafio Japonês.* Rio de Janeiro: Fundo Educativo Brasileiro, 1982.
- PONTES, Benedito R. *A Competitividade e a Remuneração Flexível.* São Paulo: LTr, 1995.

  __________. *Gestão de Profissionais em Empresas Competitivas.* São Paulo: LTr, 2001.

  __________. *Planejamento, Recrutamento e Seleção de Pessoal,* 3ª ed. São Paulo: LTr, 2001.

  __________. *Administração de Cargos e Salários,* 9ª ed. São Paulo: LTr, 2002.
- REIS, Germano G. *Avaliação 360 Graus — Um instrumento de Desenvolvimento Gerencial.* São Paulo: Atlas.
- ROBBINS, Anthony. *Poder sem Limites.* São Paulo: Best Seller, 1996.
- ROBBINS, Stephen P. *Comportamento Organizacional.* São Paulo: Prendice Hall, 2002.
- TOLEDO, Flávio e MILIONE, Benedito. *Dicionário RH de Administração de Recursos Humanos,* 2ª ed. São Paulo: Associação Brasileira de Recursos Humanos, 1983.
- ULRICH, Dave. *Os Campeões de Recursos Humanos.* São Paulo: Ed. Futura, 2002.
- WERTHER Jr.; WILLIAM B. e DAVIS, Keith. *Administração de Pessoal e Recursos Humanos.* São Paulo: McGraw-Hill, 1983.